레전드
인도네시아어
필수단어

랭귀지북스

NEW **레전드**
인도네시아어 필수단어

개정2판 1쇄 **발행** 2025년 1월 10일
개정2판 1쇄 **인쇄** 2025년 1월 2일

저자	황우중 · 김상우
감수	Sylvia Riadina Dewi
기획	김은경
편집	이지영 · Margarine
디자인	IndigoBlue
삽화	서정임
성우	Gemilang Sinatrya · 오은수

발행인	조경아		
총괄	강신갑		
발행처	랭귀지북스		
등록번호	101-90-85278	**등록일자**	2008년 7월 10일
주소	서울시 마포구 포은로2나길 31 벨라비스타 208호		
전화	02.406.0047	**팩스**	02.406.0042
이메일	languagebooks@hanmail.net		
MP3 다운로드	blog.naver.com/languagebook		

ISBN	979-11-5635-237-2 (13730)
값	20,000원

ⓒ황우중 · 김상우, 2025

쉽고 재미있게 만나는 **인도네시아어 필수 단어**

Apa kabar? 아빠 까바르?

세계적인 여행지 'Bali 발리'로 우리에게 유명한 인도네시아는 세계 4위 인구 대국 (약 2억 7,870만 명)이자 자원 부국으로 무한한 가능성을 지닌 나라입니다. 우리나라는 인도네시아와 1973년에 수교한 이후 다양한 분야에서 경제협력을 이루어 왔기 때문에, 한국기업의 진출도 활발합니다. 특히 국내 대기업들의 대규모 현지 투자 및 진출, 한국의 신남방정책과 맞물려 인도네시아는 우리에게 전략적 파트너국으로 매력도가 나날이 상승하고 있습니다.

'Bahasa Indonesia 바하사 인도네시아(인도네시아어)'는 역사와 지리적 특성을 극복하고 국가 통합을 이룬 인도네시아 국어입니다. 현대 인도네시아어는 영어 알파벳으로 표기하고 발음도 큰 차이가 없어 초보 학습자도 쉽게 시작할 수 있습니다. 그리고 인도네시아어는 'Bahasa Melayu 바하사 믈라유(말레이시아 국어)'와 뿌리는 함께하기 때문에, 인접 국가인 말레이시아, 싱가포르, 브루나이 등에서도 어느 정도 소통이 가능합니다. 이렇듯 인도네시아어 공부는 매우 매력적입니다.

이 책은 실생활에서 빈번히 사용하는 필수 단어를 중심으로 구성했으며, 원어민 표준발음으로 녹음한 MP3도 제공합니다. 단어와 함께 인도네시아 문화를 이해하는 데 도움이 될 정보를 중간중간 재미있게 곁들였습니다. 인도네시아어를 연구, 강의하며 쌓은 정보와 경험을 이 책에 아낌없이 담았으며, 현장에서 실제로 사용하는 단어들을 생생하게 표현하고자 노력하였습니다.

자신 있고 당당하게 쓸 수 있는 인도네시아어로 승승장구하시기를 진심으로 바랍니다.

저자 **황우중 · 김상우**

인도네시아 현지에서 가장 많이 쓰는 필수 어휘를 엄선해 모았습니다. 일상생활에 꼭 필요한 어휘 학습을 통해 다양한 회화 구사를 위한 기본 바탕을 다져 보세요.

1. 인도네시아어 필수 어휘 약 3,000개!

왕초보부터 초·중급 수준의 인도네시아어 학습자를 위한 필수 어휘집으로, 일상생활에서 꼭 필요한 대표 주제 24개를 선정하였고, 추가 주제 11개를 포함하여 3,000여 개의 어휘를 담았습니다.

24개 주제별 어휘 학습 후 '꼭 써먹는 실전 회화'에서는 짤막한 상황별 대화를 통해 실전 회화에서 어떻게 응용되는지 확인해 보세요. 6개 챕터의 마지막 부분에는 간단한 '연습 문제'가 있어 스스로 실력을 확인해 볼 수 있어요.

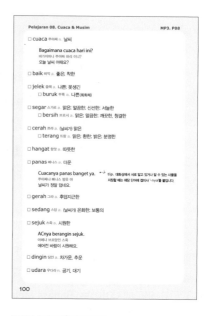

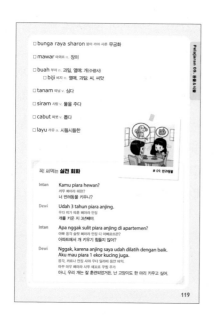

2. 눈에 쏙 들어오는 그림으로 기본 어휘 다지기!

1,000여 컷 이상의 일러스트와 함께 기본 어휘를 쉽게 익힐 수 있습니다. 기본 어휘를 재미있고 생생한 그림과 함께 담아 기억이 오래갑니다.

3. 바로 찾아 바로 말할 수 있는 한글 발음 표기!

기초가 부족한 초보 학습자가 인도네시아어를 읽을 수 있는 가장 쉬운 방법은 바로 한글 발음 표기입니다. 인도네시아어 발음이 우리말과 일대일로 대응하진 않지만, 여러분의 학습에 편의를 드리고자 인도네시아에서 사용하는 표준 발음과 최대한 가깝게 한글로 표기하였습니다. 초보자도 자신감을 갖고 말할 수 있어요.

4. 말하기 집중 훈련 MP3!

이 책에는 인도네시아어 알파벳부터 기본 단어, 기타 추가 단어까지 인도네시아 원어민의 정확한 발음으로 녹음한 파일이 들어 있습니다.

인도네시아어만으로 구성된 '**인도네시아어**' **I버전**과 인도네시아어와 한국어를 이어서 들을 수 있는 '**인도네시아어＋한국어**' **K버전**, 두 가지 버전의 파일을 제공합니다. 학습자 수준에 따라 원하는 구성의 파일을 선택하여, 자주 듣고 큰 소리로 따라 말하며 학습 효과를 높여 보세요.

MP3

blog.naver.com/
languagebook

Daftar isi 차례

1. 인도네시아어 문자
2. 인칭대명사

인도네시아에 관하여

✓ **국가명** 인도네시아공화국(Republik Indonesia)

✓ **기후** 고온다습 몬순기후

✓ **수도** 자카르타(Jakarta, 인구 1,046만 명)

✓ **인구** 2억 7,870만 명(세계 4위, 2023년 기준, IMF)

✓ **주요섬** 자바, 수마트라, 칼리만탄, 술라웨시, 파푸아섬 등

✓ **면적** 190만 6,820㎢(한반도의 약 9배)

✓ **GDP** 1조 3,712억 달러(1인당 GDP 4,920달러, 2023년 기준, IMF)

✓ **종교** 이슬람교(87%), 개신교(7%), 천주교(3%), 힌두교(2%), 불교(1%) 등

✓ **정치** 대통령중심제

✓ **언어** 인도네시아어(Bahasa Indonesia) 외 600여 종 지방어

✓ **화폐** 루피아(Rupiah)

✓ **시차** 인도네시아 서부: 우리나라 시각 −2시간(자카르타 근방)

　　　　　　중부: 우리나라 시각 −1시간(발리 근방)

　　　　　　동부: 우리나라 시각 +0시간(파푸아 근방)

*출처: 인도네시아 정부 indonesia.go.id 인도네시아 통계청 bps.go.id 외교부 mofa.go.kr

인도네시아어 문자

1. 알파벳 Alfabet 알파벳

현대 인도네시아어는 영어 알파벳을 사용하여 표기하며, 문장과 고유명사의 첫 글자는 대문자로 씁니다. 우리에게 친숙하지 않은 몇 가지 발음들이 있으니 주의해서 따라 읽어 보세요. 자신감을 갖고, 있는 그대로 정직하게 발음하면 됩니다.

A/a	B/b	C/c	D/d	E/e
아	베	쩨	데	에
anak	batu	cabang	dinding	elang
아낙	바뚜	짜방	딘딩	을랑
아이; 자식	돌	(나뭇)가지; 지점	벽	독수리
F/f	G/g	H/h	I/i	J/j
에프	게	하	이	제
foto	gua	hak	iklan	jamur
포또	구아	학	이끌란	자무르
사진	동굴	권리	광고	버섯
K/k	L/l	M/m	N/n	O/o
까	엘	엠	엔	오
kata	leher	meja	naga	om
까따	레헤르	메자	나가	옴
말, 단어	목(신체부위)	탁자	용, 이무기	삼촌; 아저씨
P/p	Q/q	R/r	S/s	T/t
뻬	끼	에르	에스	떼
paku	Quran	raksasa	bangsa	berita
빠꾸	꾸란	락사사	방사	브리따
못	이슬람 경전	거대한; 웅장한	민족	소식

8

U/u 우	V/v 풰	W/w 웨	X/x 엑스	Y/y 예	Z/z 젯
mutiara 무띠아라 진주	**renovasi** 레노퐈시 쇄신; 개혁	**awak** 아왁 몸; 선원	**xilofon** 실로폰 실로폰	**ayam** 아얌 닭	**zaman** 쟈만 시대

① A / a 아

모음 a는 [아] 발음입니다.

· [아]　**apa** 아빠 무엇 / **adik** 아딕 동생

② B / b 베

자음 b는 우리말의 ㅂ[비읍] 발음입니다.

· [ㅂ]　**babi** 바비 돼지 / **baik** 바익 좋은; 착한

③ C / c 쩨

자음 c는 ㅉ[쌍지읒] 발음입니다.

· [ㅉ]　**cuci** 쭈찌 씻다 / **cari** 짜리 찾다

④ D / d 데

자음 d는 ㄷ[디귿] 발음입니다.

· [ㄷ]　**duduk** 두둑 앉다 / **durian** 두리안 두리안(과일)

⑤ **E / e** 에

모음 e는 [으]나 [에]로 소리 나며, 대부분 [으] 발음입니다. 일부 단어와 축약어의 e에서만
[에] 발음을 가집니다. 실제로 원어민과 대화를 할 때 [으]는 [어]처럼 들리기도 합니다.
예를 들어, mengerti가 '멍어르띠'로 들립니다.

- [으]   sebut 스붓 언급하다 / mengerti 믕으르띠 이해하다
- [에]   sewa 세와 빌리다 / pemda 뼴다 지방정부(pemerintah daerah의 축약어)

⑥ **F / f** 에프

자음 f는 ㅍ[피읍]과 비슷하며, 윗니로 아랫입술을 살짝 물고 발음합니다.

- [ㅍ]   faktor 팍또르 요인; 요소 / fisik 퓌식 신체

⑦ **G / g** 게

자음 g는 ㄱ[기역] 발음입니다.

- [ㄱ]   gaji 가지 급여, 월급 / gila 길라 미친

⑧ **H / h** 하

자음 h는 ㅎ[히읕] 발음입니다. 단어 끝에 h가 오면 약한 숨소리 정도만 나며,
이 책에서는 이 경우의 한글발음을 표기하지 않았습니다.

- [ㅎ]   hantu 한뚜 유령, 귀신 / rumah 루마 집

⑨ **I / i** 이

모음 i는 [이] 발음입니다.

- [이]   dinding 딘딩 벽 / miring 미링 휘어 있는

⑩ J / j 제

자음 j는 ㅈ[지읒] 발음입니다.

- [ㅈ]　**jalan** 잘란 길, 거리 / **jujur** 주주르 정직한

⑪ K / k 까

자음 k는 ㄲ[쌍기역] 발음입니다. 단어의 중간에서 받침소리가 되면 묵음, 단어의 끝에서 받침소리가 되면 ㄱ[기역] 받침이 됩니다. 일부 단어는 끝받침소리도 매우 약하게 발음합니다.

- [ㄲ]　**kita** 끼따 우리 / **kakak** 까깍 손윗사람을 부르는 호칭(형·오빠, 누나·언니)

⑫ L / l 엘

자음 l은 ㄹ[리을] 발음입니다. 단어의 중간에서 받침소리가 되면 뒷모음과 연음됩니다.

- [ㄹ]　**lima** 리마 5 / **malam** 말람 밤

⑬ M / m 엠

자음 m은 ㅁ[미음] 발음입니다.

- [ㅁ]　**mudah** 무다 쉬운 / **lampu** 람뿌 램프, 전등

⑭ N / n 엔

자음 n은 ㄴ[니은] 발음입니다.

- [ㄴ]　**nol** 놀 0 / **janda** 잔다 과부

⑮ O / o 오

모음 o는 [오] 발음입니다. 그러나 실제로 대화를 할 때는 [어]처럼 들리기도 합니다. 예를 들어, kosong이 '꺼성'으로 들립니다.

- [오]　**kosong** 꼬송 비어 있는 / **gosok** 고속 비비다, 문지르다

⑯ P / p 뻬

자음 p는 ㅃ[쌍비읍] 발음입니다.

- [ㅃ] **pa**man 빠만 삼촌 / ba**p**ak 바빡 아버지; 아저씨

⑰ Q / q 끼

자음 q는 ㄲ[쌍기역] 발음입니다.

- [ㄲ] **Q**uran 꾸란 이슬람 경전 / a**q**ua 아꾸아 물

⑱ R / r 에르

자음 r는 혀를 살짝 떨어서 내는 ㄹ[리을] 발음입니다. 받침소리로 사용되지 않습니다.

- [ㄹ] **r**ubah 루바 여우 / tidu**r** 띠두르 잠

⑲ S / s 에스

자음 s는 ㅅ[시옷] 발음입니다.

- [ㅅ] **s**aya 사야 저(1인칭 대명사) / ta**s** 따스 가방

⑳ T / t 떼

자음 t는 ㄸ[쌍디귿] 발음입니다.

- [ㄸ] **t**ari 따리 춤 / uma**t** 우맛 신자

㉑ U / u 우

모음 u는 [우] 발음입니다.

- [우] b**u**ruk 부룩 나쁜 / c**u**aca 쭈아짜 날씨

㉒ **V / v** 풰

자음 v는 'ㅍ'과 'ㅎ'의 중간 발음입니다. 이 책에서는 기본적으로 ㅍ[피읍] 표기합니다.

· [ㅍ] visa 퓌사 비자 / reservasi 레스르퐈시 예약하다

㉓ **W / w** 웨

반모음 w는 단어에서 'a, e, i, o, u'와 결합하여 [와], [웨], [위], [워], [우]로 발음합니다.
반모음이란 일반모음과 결합하여 새로운 발음을 만드는 모음입니다.

· [와]   wajah 와자 얼굴
· [웨]   awet 아웻 오래 견디는; 내구성이 좋은
· [위]   wisata 위사따 관광, 여행
· [워]   tawon 따원 벌(곤충)
· [우]   wujud 우줏 실재; 형태; 목적

㉔ **X / x** 엑스

자음 x는 ㅅ[시옫] 발음입니다. 거의 사용하지 않으며, 대부분 외국어 표기에
사용합니다.

· [ㅅ]   kopi mix 꼬삐 믹스 믹스 커피

㉕ **Y / y** 예

반모음 y는 'a, e, i, o, u'와 결합하여 [야], [예], [의], [요], [유]로 발음합니다.

· [야]   yakni 약니 즉
· [예]   sayembara 사옘바라 퀴즈; 상품을 두고 겨루는 경쟁
· [의]   bayi 바의 아기, 신생아
· [요]   gotong-royong 고똥로용 상부상조
· [유]   ayunan 아유난 그네; 요람

㉖ **Z / z** 젯

자음 z은 ㅈ[지읃] 발음으로, 윗니와 윗입술을 떨면서 소리냅니다.

· [ㅈ]   zaman 자만 시대 / izin 이진 허가

2. 이중자음

① kh ㄲ / ㅎ

이중자음 kh는 [ㄲ]나 [ㅎ]으로 자음 k나 h처럼 발음합니다. 외래어를 차용하면서 생긴 자음으로, k가 묵음이 되며 [ㅎ]으로 발음되다가 현재는 구분 없이 둘 중 하나로 말합니다.

- **khawatir** 까와띠르 / 하와띠르 염려하다
- **khusus** 꾸수스 / 후수스 특별한

② ng ㅇ

첫글자로 쓰일 때는 [응], 그 외에는 [ㅇ] 받침 소리를 냅니다.

- **ngomong** 응오몽 말하다
- **datang** 다땅 오다

③ ny

ny는 일반모음과 결합하여 [냐], [녜/녀], [늬], [뇨], [뉴]로 발음합니다.

- [냐] **nya**man 냐만 편안한
- [녜/녀] **nye**nyak 녜냑 푹 잠든 / **nye**ri 녀리 쑤시는
- [늬] bu**nyi** 부늬 소리; 음성
- [뇨] **nyo**nya 뇨냐 여사; 부인
- [뉴] insi**nyur** 인시뉴르 엔지니어, 기술자; 공학자

④ sy

sy는 일반모음과 결합하여 [샤], [셰], [쇼], [시], [슈]로 발음합니다.

- [샤] **sya**rat 샤랏 조건
- [셰] **sye**ir 셰이르 밀
- [쇼] **syo**gun 쇼군 쇼군(일본 막부시대 장군)
- [시] ha**syis** 하시스 (마취제로 사용되는) 대마잎 진액
- [슈] **syu**kur 슈꾸르 감사하다

3. 이중모음

이중모음 중 많이 쓰이는 ai와 au는 일반모음의 읽기대로 '아이', '아우'로 읽으면 됩니다. 그러나 일상 회화에서는 편리성을 위해 ai는 '에이', '에', au는 '오'로 읽기도 하니 눈여겨보세요.

① **ai** 아이 / 에이 / 에

- **cabai** 짜바이 / 짜베이 / 짜베 고추
- **santai** 산따이 / 산떼이 / 산떼 한가로운

② **au** 아우 / 오

- **mau** 마우 / 모 원하다
- **saudara** 사우다라 / 소다라 형제

③ **oi** 오이

- **amboi** 암보이 와!
- **koboi** 꼬보이 카우보이

표기법

본 책에서 사용된 품사 표기법을 참고하세요.

n.	명사	v.	동사	a.	형용사	ad.	부사	int.	감탄사

2.
인칭대명사

인칭대명사는 대화나 문맥에서 특정 사람을 가리키며, 인칭에 따라 단·복수로 구분합니다.

	단수		복수
1인칭	saya 사야 저(격식체)		kita 끼따 우리, 저희(듣는 사람 포함)
	aku 아꾸 나(비격식체)	➤ -ku –꾸 (축약형)	kami 까미 우리, 저희(듣는 사람 제외)
2인칭	Anda 안다 당신(격식체)		Anda sekalian 안다 스깔리안 당신들(격식체) Anda semua 안다 스무아 당신들 모두
	kamu 까무 너(비격식체)	➤ -mu –무 (축약형)	kamu sekalian 까무 스깔리안 = kalian 깔리안 너희들(비격식체) kamu semua 까무 스무아 너희들 모두
3인칭	dia 디아 = ia 이아 그, 그녀	➤ -nya –냐 (축약형)	mereka 므레까 그들, 걔네들, 쟤네들
	beliau 블리아우 그분(극존칭)		

1. 인칭대명사의 격

인칭대명사는 형태 변화 없이 위치에 따라 주격, 소유격, 목적격이 됩니다.

① 주격

Saya minum kopi setiap hari. 사야 미눔 꼬뻬 스띠압 하리

저는 매일 커피를 마십니다.

② 소유격

Aku guru wali kelas kalian. 아꾸 구루 왈리 끌라스 깔리안

나는 너희들의 담임 선생이란다.

③ 목적격

Sejak kapan kamu mencintai dia? 스작 까빤 까무 믄찐따이 디아?

언제부터 너는 그를 사랑했니?

2. 축약형

일부 인칭대명사는 축약된 형태로도 사용됩니다.

Aku suka bermain sepak bola dengan anakku.

아꾸 수까 브르마인 쎄빡 볼라 등안 아낙꾸

나는 내 아이와 축구하는 것을 좋아한다.

Dia mau meminjam bukumu. 디아 마우 므민잠 부꾸무

그(녀)는 너의 책을 빌리고 싶어 해.

3. 격식체과 비격식체

대화 상대방과 친밀한 정도에 따라 격식체와 비격식체 표현이 있습니다.

Saya ingin membantu beliau. 사야 잉인 믐반뚜 블리아우 (격식체)

저는 그분을 돕고 싶습니다.

Aku ingin membantu beliau. 아꾸 잉인 믐반뚜 블리아우 (비격식체)

나는 그분을 돕고 싶어.

Bab 1

인사

소개 Perkenalan 쁘르끄날란

□ **perkenalan** 쁘르끄날란
= **introduksi** 인뜨로둑시
　n. 소개

□ **perkenalkan** 쁘르끄날깐
　v. 소개하다

□ **kartu nama** 까르뚜 나마
　명함

□ **laki-laki** 라끼라끼
= **cowok** 쪼웍 (회화체)
　n. 남자

□ **kakek** 까껙
　n. 할아버지

□ **kakak laki-laki** 까깍 라끼라끼
　n. 형, 오빠

□ **nama** 나마
　n. 이름, 성함

□ **nama panggilan** 나마 빵길란
　별명

□ **jenis kelamin** 즈니스 끌라민
　n. 성별

□ **perempuan** 쁘름뿌안
= **cewek** 쩨웩 (회화체)
　n. 여자

□ **nenek** 네넥
　n. 할머니

□ **kakak perempuan** 까깍 쁘름뿌안
　n. 누나, 언니

□ umur 우무르
= usia 우시아
　n. 나이

□ ulang tahun 울랑 따훈
　n. 생일

□ negeri 느그리
　n. 나라, 조국; 어떤 종족의 거주지

□ negara 느가라
　n. 나라, 국가

□ bahasa 바하사
　n. 언어

□ agama 아가마
　n. 종교

□ nomor telepon 노모르 뗄레뽄
　n. 전화번호

□ pekerjaan 쁘끄르자안
　n. 직업

□ alamat 알라맛
　n. 주소

□ jurusan 주루산
　n. 전공

□ tempat tinggal 뜸빳 띵갈
　사는 곳

21

□ **kabar** 까바르
  n. 안부

□ **salam** 살람
  n. 인사 v. 인사하다; 안부를 전하다

□ **kenalan** 끄날란
  n. 아는 사람

□ **halo** 할로
  int. 안녕(하세요) (만났을 때)

□ **berjumpa** 브르줌빠
= **bertemu** 브르뜨무
= **ketemu** 끄뜨무 (회화체)
  v. 만나다

□ **Apa kabar?** 아빠 까바르?
= **Bagaimana kabar Anda?**
  바가이마나 까바르 안다?
  잘 지내세요?

□ **Selamat pagi.** 슬라맛 빠기
  안녕하세요. (아침 인사)

□ **Selamat siang.** 슬라맛 시앙
  안녕하세요. (점심 인사)

□ **Selamat sore.** 슬라맛 소레
  안녕하세요. (오후 인사)

□ **Selamat malam.** 슬라맛 말람
  안녕히 주무세요. (밤 인사)

□ **Selamat tidur.** 슬라맛 띠두르
  잘 자요.

□ Senang bertemu dengan
  Anda. 스낭 브르뜨무 등안 안다
= Senang ketemu dengan
  Anda. 스낭 끄뜨무 등안 안다
  당신과 만나서 반갑습니다.

□ Sampai bertemu. 삼빠이 브르뜨무
= Sampai ketemu. 삼빠이 끄뜨무
  다음에 만나요.

□ Selamat jalan. 슬라맛 잘란
= Dadah. 다다
  안녕히 가세요.

□ mengundang 믕운당
= mengajak 믕아작
  v. 초대하다

□ tamu 따무
  n. 손님, 고객

□ teman 뜨만
= kawan 까완
  n. 친구

□ teman-teman 뜨만뜨만
  n. 친구들

□ biasa 비아사
  a. 익숙한

□ asing 아싱
  a. 낯선

23

☐ **nama** 나마 n. 이름, 성함

☐ **nama keluarga** 나마 끌루아르가 성씨

= **nama marga** 나마 마르가

☐ **nama panggilan** 나마 빵길란 별명

Nama saya Sylvia.
나마 사야 실퓌야
제 이름은 실비아입니다.

Nama panggilan saya Ricky.
나마 빵길란 사야 리키
제 별명은 리키입니다.

☐ **kartu nama** 까르뚜 나마 명함

☐ **jenis kelamin** 즈니스 끌라민 n. 성별

☐ **laki-laki** 라끼라끼 n. 남자

= **cowok** 쪼웍 (회화체) ──→ **tip.** 인도네시아어에서 빈번하게 사용하는 회화체
단어들을 이 책에 넣었습니다. 신문이나 뉴스에서는

☐ **perempuan** 쁘름뿌안 n. 여자   사용하지 않지만, 인도네시아어 사전상에도 회화체를
별도로 설명하기 때문에 공부할 필요가 있습니다.

= **cewek** 쩨웩 (회화체)

☐ **kakak laki-laki** 까깍 라끼라끼 n. 형, 오빠

☐ **kakak perempuan** 까깍 쁘름뿌안 n. 누나, 언니

☐ **kakek** 까껙 n. 할아버지   **tip.** 'kakak 까깍'은 '손위'라는 의미로,
회화에서는 'kakak laki-laki, kakak perempuan'

☐ **nenek** 네넥 n. 할머니   대신에 'kakak' 또는 이를 줄여서 'kaka 까까, kak 깍'
이라고도 합니다.

☐ **umur** 우무르 n. 나이

= **usia** 우시아

Berapa umur Anda?
브라빠 우무르 안다?
당신은 나이가 어떻게 되세요?

24

□ ulang tahun 울랑 따훈 n. 생일

□ negeri 느그리 n. 나라, 조국; 어떤 종족의 거주지

　　　□ negara 느가라 n. 나라, 국가

　　　□ tanah air 따나 아이르 n. 조국

　　　= negara asal 느가라 아살

tip. 회화에서 negeri와 negara는 의미 구분 없이 많이 씁니다. 그러나 합성어를 만들 때 negeri는 지리적 개념, negara는 국가 정체성의 개념을 나타내는 경우가 많습니다.

□ suku bangsa 수꾸 방사 n. 족, 종족

tip. 인도네시아 300여 종족 중 자바족(suku Jawa 수꾸 자와)은 전 국민의 41%로 자바섬을 중심으로 국가 전역에 뿌리를 내려 살고 있습니다. 현대사회에서는 타 종족과 혼인도 하지만, 대다수의 인도네시아인들은 아직도 자기 종족어와 문화를 보존하며 살아갑니다.

□ kewarganegaraan ganda 끄와르가느가라안 간다 n. 복수 국적

　　　= dwikewarganegaraan 드위끄와르가느가라안

□ bahasa 바하사 n. 언어

□ bahasa asing 바하사 아싱 n. 외국어

　　　□ bahasa Indonesia 바하사 인도네시아 인도네시아어

　　　□ bahasa Korea 바하사 꼬레아 한국어

　　　□ bahasa Inggris 바하사 잉그리스 영어

□ mata kuliah 마따 꿀리아 n. 과목

　　　= mata pelajaran 마따 쁠라자란

□ jurusan 주루산 n. 전공

□ agama 아가마 n. 종교

　　　□ agama Islam 아가마 이슬람 이슬람교

　　　□ agama Hindu 아가마 힌두 힌두교

　　　□ agama Buddha 아가마 부다 불교

　　　□ agama Katolik 아가마 까똘릭 천주교

　　　□ agama Kristen 아가마 끄리스뗀 기독교, 개신교

　　　= agama Protestan 아가마 쁘로떼스딴

25

□ nomor telepon 노모르 뗄레뽄 n. 전화번호

□ pekerjaan 쁘끄르자안 n. 직업

   Apa pekerjaan Anda?
   아빠 쁘끄르자안 안다?
   당신은 직업이 무엇인가요?

□ alamat 알라맛 n. 주소

□ tinggal di 띵갈 디 v. ~에 살다, ~에 거주하다
   = diam di 디암 디
      □ tempat tinggal 뜸빳 띵갈 사는 곳

□ menginap di 등이납 디 v. ~에 머물다, ~에 숙박하다

□ perkenalan 쁘르끄날란 n. 소개
   = introduksi 인뜨로둑시
      □ perkenalkan 쁘르끄날깐 v. 소개하다

□ kesan pertama 끄산 쁘르따마 첫인상

□ kenal 끄날 v. 알다
      □ kenalan 끄날란 n. 아는 사람

□ bergaul 브르가울 v. 우정을 나누다, 교제하다

□ kabar 까바르 n. 안부

   Apa kabar?
   아빠 까바르?
   잘 지내세요?

   = Bagaimana kabar Anda?
      바가이마나 까바르 안다?

□ salam 살람 n. 인사 v. 인사하다; 안부를 전하다

□ halo 할로 int. 안녕(하세요) (만났을 때)

□ baik 바익 a. 좋은, 착한 int. 네, 잘 지내고 있습니다 (안부 대답으로)

□ kurang baik 꾸랑 바익 int. 아니요, 잘 지내지 못했습니다 (안부 대답으로)

□ berjumpa 브르줌빠 v. 만나다

tip. kurang은 형용사로 '부족한, 모자란', 부사로 '덜'입니다.

　= bertemu 브르뜨무

　= ketemu 끄뜨무 (회화체)

　Senang bertemu dengan Anda.
　스낭 브르뜨무 등안 안다
　당신과 만나서 반갑습니다.

　= Senang ketemu dengan Anda.
　　스낭 끄뜨무 등안 안다

　Sampai bertemu.
　삼빠이 브르뜨무
　다음에 만나요.

　= Sampai ketemu.
　　삼빠이 끄뜨무

□ selamat 슬라맛 a. 안전한; 건강한; 성공적인 n. 축하; 기도, 염원

　Selamat pagi.
　슬라맛 빠기
　안녕하세요. (아침 인사)

　Selamat siang.
　슬라맛 시앙
　안녕하세요. (점심 인사)

　Selamat sore.
　슬라맛 소레
　안녕하세요. (오후 인사)

　Selamat malam.
　슬라맛 말람
　안녕히 주무세요. (밤 인사)

Selamat tidur.
슬라맛 띠두르
잘 자요.

Selamat jalan.
슬라맛 잘란
안녕히 가세요.

= Dadah.
다다

Selamat tinggal.
슬라맛 띵갈
안녕히 계세요. (영영 헤어지거나 다시 못 보게 될 경우)

Selamat datang.
슬라맛 다땅
어서 오십시오.

Selamat bekerja.
슬라맛 브끄르자
일 열심히 하세요. (수고하세요.)

Selamat belajar.
슬라맛 블라자르
공부 열심히 하세요.

□ **mengundang** 믕운당 v. 초대하다
= **mengajak** 믕아작

□ **tamu** 따무 n. 손님, 고객
　□ **tamu penting** 따무 쁜띵 귀한 손님
　= **tamu spesial** 따무 스뻬시알
　= **tamu besar** 따무 브사르

□ **teman** 뜨만 n. 친구
　= **kawan** 까완
　□ **teman-teman** 뜨만뜨만 n. 친구들
　□ **sahabat** 사하밧 n. 벗, 절친한 친구

tip. 인도네시아어 복수형은 단어를
반복한 후, 그 사이에 '-'를 넣습니다.

28

□ rekan 르깐 n. (회사) 동료; 파트너
　　= teman kantor 뜨만 깐또르

□ persahabatan 쁘르사하바딴 n. 우정

□ dekat 드깟 a. 친한

□ biasa 비아사 a. 익숙한

　　Biasa saja.
　　비아사 사자
　　그냥 그래요.

□ asing 아싱 a. 낯선

01. 안부 인사

꼭! 써먹는 **실전 회화**

Bambang	Halo, Susi, apa kabar?
	할로, 수시, 아빠 까바르?
	안녕, 수시, 잘 지냈니?

Susi	Baik. Ngapain aja akhir minggu kemarin?
	바익. 응아빠인 아자 아히르 밍구 끄마린?
	응, 잘 지냈어. 넌 주말 어떻게 보냈니?

Bambang	Aku ke rumah Putra sama teman-temanku.
	아꾸 끄 루마 뿌뜨라 사마 뜨만뜨만꾸
	친구들과 뿌뜨라 집에 갔었어.

Susi	Gimana kabar Putra?
	기마나 까바르 뿌뜨라?
	뿌뜨라는 어떻게 지내?

Bambang	Dia baik.
	디아 바익
	걘 잘 지내.

29

감사&사과 Terima kasih & Minta maaf 뜨리마 까시 단 민따 마아프

□ **terima kasih** 뜨리마 까시
   n. 감사 v. 감사하다

□ **kasih** 까시
   n. 애정, 사랑 v. 주다 (회화체)

□ **utang budi** 우땅 부디
   n. 신세

□ **berutang budi** 브루땅 부디
   v. 신세를 지다

□ **memikirkan** 므미끼르깐
= **mikirin** 미끼린 (회화체)
   v. 배려하다

□ **ramah** 라마
   a. 친절한

□ **kebaikan** 끄바이깐
= **keramahan** 끄라마한
   n. 친절

□ **memaafkan** 므마아프깐
= **maafin** 마아핀 (회화체)
   v. 용서하다, 눈을 감아 주다

□ **meminta maaf** 므민따 마아프
   v. 용서를 구하다, 사과하다

□ **maaf** 마아프
   n. 용서

□ **baik hati** 바익 하띠
   a. 호의적인

□ **kebaikan hati** 끄바이깐 하띠
   n. 덕분

□ bantu 반뚜
   v. 돕다

□ menolong 므놀롱
   v. 돕다, 협조하다

□ bantuan 반뚜안
= pertolongan 쁘르똘롱안
   n. 도움

□ bekerja sama 브끄르자 사마
   v. 협조하다, 협력하다

□ tunggu 뚱구
   v. 기다리다

□ pikir 삐끼르
   v. 생각하다

□ pikiran 삐끼란
   n. 생각

□ hasrat 하스랏
   n. 간절함

□ dorongan 도롱안
   n. 격려, 장려; 밀어냄

□ minta 민따
   v. 부탁하다, 간청하다, 요청하다

□ mendorong 믄도롱
   v. 격려하다, 장려하다; 밀다

31

□ nasehat 나세핫
 n. 충고

□ menasehati 므나세하띠
 v. 충고하다

□ pujian 뿌지안
 n. 칭찬

□ memuji 므무지
 v. 칭찬하다

□ mengerti 믕으르띠
= paham 빠함
 v. 이해하다

□ mengantar 믕안따르
 v. 안내하다

□ menemani 므느마니
 v. 안내하다; 동행하다, 동반하다

□ berhasil 브르하실
= sukses 숙세스
 v. 성공하다

□ mengatasi 믕아따시
 v. 극복하다

□ salah 살라
 v. 실수하다 a. 그릇된, 틀린

□ kesalahan 끄살라한
 n. 실수, 잘못

□ gagal 가갈
 v. 실패하다; 불합격하다

□ sengaja 승아자
  ad. 고의로, 일부러

□ kesengajaan 끄승아자안
  n. 고의

□ menyesal 므녀살
  a. 유감스러운, 후회스러운

□ mudah 무다
= gampang 감빵 (회화체)
  a. 쉬운

□ menilai 므닐라이
  v. 평가하다

□ menyalahkan 므냘라깐
  v. 비난하다

□ penyalahan 쁘냘라한
  n. 비난

□ ganggu 강구
  v. 방해하다

□ susah 수사
= sulit 술릿
= sukar 수까르
  a. 어려운

□ kesempatan 끄슴빠딴
  n. 기회

33

□ terima kasih 뜨리마 까시 n. 감사 v. 감사하다

  □ berterima kasih 브르뜨리마 까시 감사하다고 말하다

  = mengucapkan terima kasih 믕우짭깐 뜨리마 까시

□ kasih 까시 n. 애정, 사랑 v. 주다 (회화체)

□ banyak 바냑 a. 많은 ad. 많이

  Terima kasih banyak.
  뜨리마 까시 바냑
  매우 감사합니다.

□ sekali 스깔리 ad. 매우 •————————→ tip. sekali는 형용사의 뒤에 옵니다.

  = banget 방웃 (회화체)   • bagus sekali 바구스 스깔리
  □ sangat 상앗 ad. 매우; 지나치게   = sangat bagus 상앗 바구스
  = amat 아맛   매우 좋은

  Dia cantik sekali.
  디아 짠띡 스깔리
  그녀는 매우 예쁩니다.

  = Dia sangat cantik.
    디아 상앗 짠띡

□ sungguh 숭구 ad. 정말로

  = benar-benar 브나르브나르

□ budi 부디 n. 마음; 지혜 ↱ tip. budi는 다른 단어와 결합하여 대부분 숙어처럼 사용합니다.

□ utang budi 우땅 부디 n. 신세

  □ berutang budi 브루땅 부디 v. 신세를 지다

□ tentang 뜬땅 prep. ~에 대한, ~에 대해

  = terhadap 뜨르하답

  = atas 아따스

  = mengenai 믕으나이

  = akan 아깐

Terima kasih atas nasihat Anda.
뜨리마 까시 아따스 나시핫 안다
당신의 충고에 대해 감사합니다.

□ **memikirkan** 므미끼르깐 v. 배려하다
= **mikirin** 미끼린 (회화체)

□ **memperhatikan** 믐쁘르하띠깐 v. 관심을 기울이다
= **perhatiin** 쁘르하띠인 (회화체)

Dia selalu perhatiin aku.
디아 슬랄루 쁘르하띠인 아꾸
그는 항상 나에게 관심을 기울입니다.

□ **maaf** 마아프 n. 용서

Tolong terima maaf saya.
똘롱 뜨리마 마아프 사야
저의 용서를 받아 주세요.

Minta maaf!
민따 마아프!
죄송해요!

□ **meminta maaf** 므민따 마아프 v. 용서를 구하다, 사과하다

□ **memaafkan** 므마아프깐 v. 용서하다, 눈을 감아 주다
= **maafin** 마아핀 (회화체)

Tolong maafin saya.
똘롱 마아핀 사야
저를 용서해 주세요.

□ **membiarkan** 믐비아르깐 v. 내버려두다
= **biarin** 비아린 (회화체)

Biarin aku!
비아린 아꾸!
날 좀 내버려둬!

□ lebih baik 르비 바익 a. 더 좋은

Lebih baik Anda istirahat sekarang.
르비 바익 안다 이스띠라핫 스까랑
당신은 지금 휴식을 취하는 게 더 좋을 것 같습니다.

□ baik hati 바익 하띠 a. 호의적인
　　□ hati 하띠 n. 마음; 간(신체 기관)

□ terang hati 뜨랑 하띠 a. 이해심 많은

□ murah hati 무라 하띠 a. 너그러운

□ kemurahan hati 끄무라한 하띠 n. 관대함, 너그러움

□ kebaikan hati 끄바이깐 하띠 n. 덕분

□ berhati terbuka 브르하띠 뜨르부까 a. 호방한

□ amal bakti 아말 박띠 a. 자비로운

□ ramah 라마 a. 친절한

Jerry itu ramah.
제리 이뚜 라마
제리는 친절해.

□ kebaikan 끄바이깐 n. 친절
　　= keramahan 끄라마한

□ berkat 브르깟 n. 은혜

□ anugerah 아누그라 n. 은총

□ bantu 반뚜 v. 돕다
　　□ menolong 므놀롱 v. 돕다, 협조하다; 구조하다

□ bantuan 반뚜안 n. 도움
    = pertolongan 쁘르똘롱안

□ dukung 두꿍 v. 지원하다

□ bekerja sama 브끄르자 사마 v. 협조하다, 협력하다

    Saya bekerja sama dengan dia.
    사야 브끄르자 사마 등안 디아
    저는 그와 함께 일합니다.

□ tunggu 뚱구 v. 기다리다

    Tolong tunggu sebentar.
    똘롱 뚱구 스븐따르
    잠시만 기다려 주세요.

□ minta 민따 v. 부탁하다, 간청하다, 요청하다

□ penting 쁜띵 a. 중요한

    Masalah itu sangat penting.
    마살라 이뚜 상앗 쁜띵
    그 문제는 매우 중요해요.

□ serius 세리우스 a. 심각한, 진심의

    Aku serius.
    아꾸 세리우스
    저 진심이에요. (저 심각해요.)

□ hasrat 하스랏 n. 간절함

□ dorongan 도롱안 n. 격려, 장려; 밀어냄

□ mendorong 믄도롱 v. 격려하다, 장려하다; 밀다

□ nasehat 나세핫 n. 충고

□ menasehati 므나세하띠 v. 충고하다

□ **pujian** 뿌지안 n. 칭찬

□ **memuji** 므무지 v. 칭찬하다

□ **menghibur** 믕히부르 v. 기분 좋게 하다; 위로하다, 위안하다; 휴양하다

□ **mengerti** 믕으르띠 v. 이해하다
= **paham** 빠함

Saya kurang mengerti.
사야 꾸랑 믕으르띠
저 이해가 잘 안돼요.

□ **mengantar** 믕안따르 v. 안내하다

□ **menemani** 므느마니 v. 안내하다; 동행하다, 동반하다

□ **nasib** 나십 n. 운명
= **takdir** 딱디르

□ **kesempatan** 끄슴빠딴 n. 기회

□ **salah** 살라 v. 실수하다 a. 그릇된, 틀린

□ **kesalahan** 끄살라한 n. 실수, 잘못

□ **rusak** 루삭 v. 망치다, 고장 내다 a. 고장 난

ACnya rusak.
아쎄냐 루삭
에어컨이 고장 났어요.

□ **gagal** 가갈 v. 실패하다; 불합격하다

Orang itu gagal sebagai pengusaha.
오랑 이뚜 가갈 스바가이 쁭우사하
그는 사업가로서 실패했다.

□ berhasil 브르하실 v. 성공하다
= sukses 숙세스

Kalau tidak menyerah, siapa pun bisa sukses.
깔라우 띠닥 므녀라, 시아빠 뿐 비사 숙세스
포기하지 않는다면, 누구나 성공할 수 있다.

□ mengatasi 믕아따시 v. 극복하다

□ menyesal 므녀살 a. 유감스러운, 후회스러운

□ menyalahkan 므냘라깐 v. 비난하다

□ penyalahan 쁘냘라한 n. 비난

□ mengkritik 믕끄리띡 v. 비판하다

□ menilai 므닐라이 v. 평가하다

□ ganggu 강구 v. 방해하다

Jangan ganggu saya.
장안 강구 사야
저를 방해하지 마세요.

□ maksud 막숫 n. 의도, 목적
= tujuan 뚜주안

□ sengaja 승아자 ad. 고의로, 일부러
□ kesengajaan 끄승아자안 n. 고의

Itu nggak sengaja.
이뚜 응각 승아자
일부러 그런 거 아니에요.

□ cepat 쯔빳 a. 일찍, 이른; 빠른

□ terlambat 뜨를람밧 a. 늦은 v. 늦다, 지각하다
    □ telat 뜰랏 a. 늦은(네덜란드어 차용)

    Maaf, saya telat.
    마아프, 사야 뜰랏
    늦어서 죄송해요.

□ rugi 루기 n. 손해, 피해

□ keberuntungan 끄브르운뚱안 n. 행운

□ beruntung 브르운뚱 a. 행운의

□ malang 말랑 a. 불행의, 불행한

□ mudah 무다 a. 쉬운
    = gampang 감빵 (회화체)

    Bahasa Indonesia mudah.
    바하사 인도네시아 무다
    인도네시아어는 쉽습니다.

□ susah 수사 a. 어려운
    = sulit 술릿
    = sukar 수까르

□ pikir 삐끼르 v. 생각하다

□ pikiran 삐끼란 n. 생각

□ ide 이데 n. 아이디어

    Ide bagus!
    이데 바구스!
    좋은 생각이에요!

□ pendapat 쁜다빳 n. 의견, 견해

□ **mengajukan** 믕아주깐 v. 제시하다

□ **mempertimbangkan** 믐쁘르띰방깐 v. 고민하다, 숙고하다

□ **mengulangi** 믕울랑이 v. 반복하다, 되풀이하다

□ **pulang** 뿔랑 v. 돌아오다 (원래 있던 곳으로 돌아감)
　　= **kembali** 끔발리 (반복 또는 복구의 의미가 있는 돌아감)
　　= **balik** 발릭 (반대쪽 방향으로 돌아감)

02. 감사 인사

꼭! 써먹는 **실전 회화**

Teguh　Makasih ya, udah meluangkan waktu hari ini.
　　　　마까시 야, 우다 믈루앙깐 왁뚜 하리 이니
　　　　오늘 시간 내 주셔서 감사합니다.

Sam　Sama-sama.
　　　　사마사마
　　　　천만에요.

Teguh　Duluan ya. Saya ada janji soalnya.
　　　　둘루안 야. 사야 아다 잔지 소알냐
　　　　실례지만 약속이 있어서 먼저 가 볼게요.

Sam　Gak pa-pa. Semoga hari ini Anda menyenangkan!
　　　　각 빠빠. 스모가 하리·이니 안다 므녀낭깐!
　　　　괜찮습니다. 좋은 하루 되세요!

연습 문제

다음 단어를 읽고 맞는 뜻과 연결하세요.

1. alamat　•	• 감사, 감사하다
2. maaf　•	• 나라, 국가
3. meminta maaf　•	• 나이
4. nama　•	• 소개
5. negara　•	• 용서
6. pekerjaan　•	• 용서를 구하다, 사과하다
7. perkenalan　•	• 이름, 성함
8. pujian　•	• 인사, 인사하다
9. salam　•	• 주소
10. teman　•	• 직업
11. terima kasih　•	• 친구
12. umur　•	• 칭찬

1. alamat – 주소 2. maaf – 용서 3. meminta maaf – 용서를 구하다, 사과하다
4. nama – 이름, 성함 5. negara – 나라, 국가 6. pekerjaan – 직업
7. perkenalan – 소개 8. pujian – 칭찬 9. salam – 인사, 인사하다
10. teman – 친구 11. terima kasih – 감사, 감사하다 12. umur – 나이

Bab 2

사람

□ **badan** 바단
　n. 신체

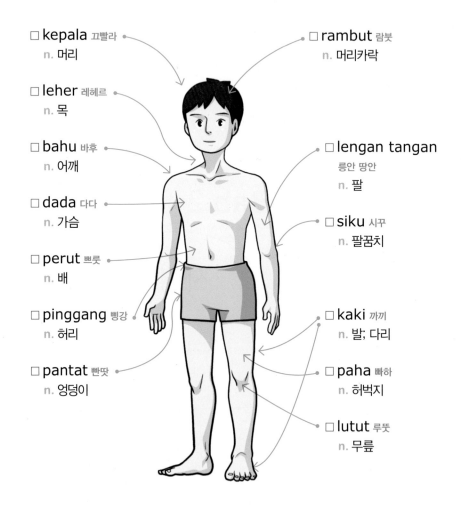

□ **kepala** 꼬빨라
　n. 머리

□ **leher** 레헤르
　n. 목

□ **bahu** 바후
　n. 어깨

□ **dada** 다다
　n. 가슴

□ **perut** 쁘룻
　n. 배

□ **pinggang** 삥강
　n. 허리

□ **pantat** 빤땃
　n. 엉덩이

□ **rambut** 람붓
　n. 머리카락

□ **lengan tangan**
　룽안 땅안
　n. 팔

□ **siku** 시꾸
　n. 팔꿈치

□ **kaki** 까끼
　n. 발; 다리

□ **paha** 빠하
　n. 허벅지

□ **lutut** 루뚯
　n. 무릎

□ tangan 땅안
  n. 손

□ kaki 까끼
  n. 발; 다리

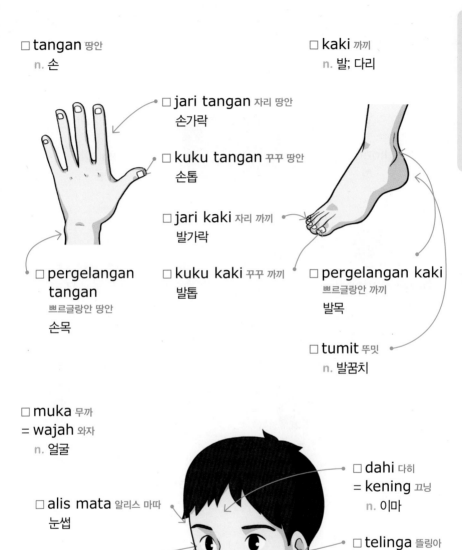

□ jari tangan 자리 땅안
  손가락

□ kuku tangan 꾸꾸 땅안
  손톱

□ jari kaki 자리 까끼
  발가락

□ kuku kaki 꾸꾸 까끼
  발톱

□ pergelangan
  tangan
    쁘르글랑안 땅안
  손목

□ pergelangan kaki
  쁘르글랑안 까끼
  발목

□ tumit 뚜밋
  n. 발꿈치

□ muka 무까
= wajah 와자
  n. 얼굴

□ alis mata 알리스 마따
  눈썹

□ mata 마따
  n. 눈

□ hidung 히둥
  n. 코

□ dahi 다히
= kening 끄닝
  n. 이마

□ telinga 뜰링아
  n. 귀

□ pipi 삐삐
  n. 볼

□ dagu 다구
  n. 턱

□ **mulut** 물룻
  n. 입

□ **bibir** 비비르
  n. 입술

□ **gigi** 기기
  n. 이, 치아

□ **lidah** 리다
  n. 혀

□ **gusi** 구시
  n. 잇몸

□ **berat badan** 브랏 바단
  몸무게

□ **berat** 브랏 n. 무게 a. 무거운

□ **ringan** 링안 a. 가벼운

□ **obesitas** 오베시따스
  n. 비만

□ **langsing** 랑싱
  a. 날씬한

□ **gemuk** 그묵
= **gendut** 근둣
  a. 뚱뚱한

□ **ramping** 람삥
  a. 호리호리한, 연약한

□ **tinggi badan** 띵기 바단
  n. 키

□ **tinggi** 띵기
  a. 키가 큰; 높은

□ **pendek** 뻰덱
  a. 키가 작은; 짧은

46

□ kulit 꿀릿
n. 피부; 가죽

□ kerut 끄룻
n. 주름

□ lesung pipi 르숭 삐삐
n. 보조개

□ tahi lalat 따히 랄랏
n. 점

□ jerawat 즈라왓
n. 여드름

□ pori-pori 뽀리뽀리
n. 모공

□ kumis 꾸미스
n. 콧수염

□ jenggot 젱곳
= janggut 장굿
n. 턱수염

□ bercukur 브르쭈꾸르
v. 면도하다

□ penampilan 쁘남삘란
n. 외모

□ ganteng 간뜽
= tampan 땀빤
a. (남자) 잘생긴

□ jelek 즐렉
a. 못생긴; 나쁜

□ cantik 짠띡
a. (여자) 예쁜

□ jelita 즐리따
a. 우아한

□ lucu 루쭈 a. 귀여운; 재미있는

□ imut 이뭇 a. 귀여운

□ imut-imut 이뭇이뭇 a. 사랑스러운

47

□ badan 바단 n. 신체, 몸
    □ tubuh 뚜부 n. 신체(외부)
    □ bentuk tubuh 븐뚝 뚜부 체격

□ berat badan 브랏 바단 몸무게
    □ berat 브랏 n. 무게 a. 무거운
    □ ringan 링안 a. 가벼운

    Berat badan saya 60kg.
    브랏 바단 사야 으남 뿔루 낄로그람
    제 몸무게는 60킬로그램입니다.

□ obesitas 오베시따스 n. 비만

□ gemuk 그묵 a. 뚱뚱한
    = gendut 근둣
    □ menjadi gemuk 믄자디 그묵 v. 살찌다
    □ menjadi kurus 믄자디 꾸루스 v. 살이 빠지다

    Saya menjadi gemuk belakangan.
    사야 믄자디 그묵 블라깡안
    저 요즘 살쪘어요.

□ langsing 랑싱 a. 날씬한
    □ ramping 람삥 a. 호리호리한, 연약한

□ diet 디엣 n. 다이어트

□ kepala 끄빨라 n. 머리 ⟶ **tip.** 인도네시아에서는 사람의 영혼이 머리에 담겨 있다고 여겨
                                 남의 머리를 절대 만지지 않아요.

□ rambut 람붓 n. 머리카락
    □ gaya rambut 가야 람붓 헤어스타일
    □ rambut ikal 람붓 이깔 곱슬머리
    □ rambut lurus 람붓 루루스 생머리
    □ rambut poni 람붓 뽀니 단발머리

□ ketombe 끄똠베 n. 비듬

□ leher 레헤르 n. 목(외부)
  □ tenggorokan 뜽고로깐 n. 목(내부)

□ bahu 바후 n. 어깨

□ dada 다다 n. 가슴
  □ payudara 빠유다라 n. (여성의) 가슴

□ perut 쁘룻 n. 배
  □ perut langsing 쁘룻 랑싱 날씬한 배
  □ buncit 분찟 볼록 튀어나온 배

□ pinggang 삥강 n. 허리

□ tulang pinggul 뚤랑 삥굴 n. 골반

□ pantat 빤땃 n. 엉덩이

□ lengan tangan 릉안 땅안 n. 팔

□ siku 시꾸 n. 팔꿈치

□ tangan 땅안 n. 손
  □ pergelangan tangan 쁘르글랑안 땅안 손목
  □ jari tangan 자리 땅안 손가락
  □ kuku tangan 꾸꾸 땅안 손톱

□ orang kidal 오랑 끼달 왼손잡이

tip. 형용사 'kidal 끼달'은 '왼손잡이의'라는 뜻으로,
인도네시아에는 왼손잡이가 소수이다 보니
이런 단어가 있습니다. 인도네시아어로
'오른손잡이'라는 표현은 어색합니다.

□ kaki 까끼 n. 발; 다리
  □ pergelangan kaki 쁘르글랑안 까끼 발목
  □ telapak kaki 뜰라빡 까끼 발등
  □ jari kaki 자리 까끼 발가락
  □ kuku kaki 꾸꾸 까끼 발톱

□ tumit 뚜밋 n. 발꿈치

□ paha 빠하 n. 허벅지

□ lutut 루뚯 n. 무릎

□ betis 브띠스 n. 종아리, 장딴지

□ muka 무까 n. 얼굴
    = wajah 와자
    □ air muka 아이르 무까 얼굴빛, 안색
    □ wajah oval 와자 오팔 계란형 얼굴
    □ wajah bulat 와자 불랏 동그란 얼굴
    = wajah bulan purnama 와자 불란 뿌르나마

    Wajahnya cantik banget.
    와자냐 짠띡 방읏
    그녀의 얼굴은 정말 예뻐요.

□ dahi 다히 n. 이마
    = kening 끄닝

□ telinga 뜰링아 n. 귀

□ pipi 삐삐 n. 볼

□ dagu 다구 n. 턱

□ mata 마따 n. 눈
    □ bola mata 볼라 마따 눈동자
    □ alis mata 알리스 마따 눈썹
    □ bulu mata 불루 마따 속눈썹
    □ kelopak mata 끌로빡 마따 쌍꺼풀 눈

    Bulu mata Ayu panjang banget.
    불루 마따 아유 빤장 방읏
    아유의 속눈썹은 정말 길어요.

□ hidung 히둥 n. 코
  □ hidung mancung 히둥 만쭝 오똑한 코
  □ hidung pesek 히둥 뻬섹 납작한 코

□ mulut 물룻 n. 입

□ bibir 비비르 n. 입술

□ lidah 리다 n. 혀

□ gigi 기기 n. 이, 치아

□ gusi 구시 n. 잇몸

□ kulit 꿀릿 n. 피부; 가죽   tip. 인도네시아 사람들은 하얀 피부를 미의 기준으로 꼽습니다.
  □ kulit kepala 꿀릿 끄빨라 두피
  □ kulit berminyak 꿀릿 브르미냑 지성 피부
  □ kulit kering 꿀릿 끄링 건성 피부
  □ kulit sensitif 꿀릿 센시띠프 민감성 피부

□ kerut 끄룻 n. 주름

□ lesung pipi 르숭 삐삐 n. 보조개

□ tahi lalat 따히 랄랏 n. 점

□ jerawat 즈라왓 n. 여드름

  Saya lagi jerawatan.
  사야 라기 즈라와딴
  저 요즘 여드름이 많이 나요.

□ pori-pori 뽀리뽀리 n. 모공

□ kumis 꾸미스 n. 콧수염

□ jenggot 젱곳 n. 턱수염
    = janggut 장굿

□ bercukur 브르쭈꾸르 v. 면도하다

    Saya bercukur setiap hari.
    사야 브르쭈꾸르 스띠압 하리
    저는 매일 면도를 합니다.

□ penampilan 쁘남삘란 n. 외모
    □ cakep 짜껍 a. 외모가 수려한(은어)

□ memesona 므므소나 v. 매료시키다
    □ menarik 므나릭 a. 흥미로운 v. 끌다; 잡아당기다

□ ganteng 간뜽 a. (남자) 잘생긴
    = tampan 땀빤

    Semua saudara Jihun ganteng sekali.
    스무아 사우다라 지훈 간뜽 스깔리
    지훈의 모든 형제들은 매우 잘생겼어요.

□ cantik 짠띡 a. (여자) 예쁜

□ jelita 즐리따 a. 우아한

□ lucu 루쭈 a. 귀여운; 재미있는

□ imut 이뭇 a. 귀여운

□ imut-imut 이뭇이뭇 a. 사랑스러운

□ manis 마니스 a. 까무잡잡하면서 귀여운; 달달한, 달콤한, 단맛의

□ jelek 즐렉 a. 못생긴; 나쁜

□ tinggi badan 띵기 바단 n. 키

Berapa tinggi badan Anda?
브라빠 띵기 바단 안다?
당신은 키가 얼마예요?

□ **mengukur** 믕우꾸르 v. (길이, 키 등을) 재다
= **ngukur** 응우꾸르 (회화체)

□ **tinggi** 띵기 a. 키가 큰; 높은

Dia paling tinggi di kelas kami.
디아 빨링 띵기 디 끌라스 까미
그는 우리 반에서 가장 키가 커요.

□ **pendek** 뻰덱 a. 키가 작은; 짧은

03. 외모

꼭! 써먹는 **실전 회화**

Arif Icha mirip banget sama ibu dia.
이짜 미립 방웃 사마 이부 디아
이짜는 어머니를 많이 닮았어.

Putri Iya. Anak itu rambutnya hitam seperti ibu dia.
이야. 아낙 이뚜 람붓냐 히땀 스쁘르띠 이부 디아
그래. 그 아이는 자기 어머니처럼 머리가 검잖아.

Arif Tapi, beberapa hari yang lalu rambutnya diwarnain pirang.
따삐, 브브라빠 하리 양 랄루 람붓냐 디와르나인 삐랑
하지만 며칠 전에 머리를 금발로 염색했더라.

Putri Oh ya? Aku nggak sempat lihat dia dari bulan lalu.
오 야? 아꾸 응각 슴빳 리핫 디아 다리 불란 랄루
정말? 난 그 애를 지난달 이후로 못 봤어.

감정 & 성격 Perasaan & Sifat 쁘라사안 단 시팟

□ **perasaan** 쁘라사안
 n. 감정

□ **senang** 스낭
 a. 기분 좋은, 즐거운; 반가운

□ **gembira** 금비라 a. 기쁜, 기뻐하는

□ **bergembira** 브르금비라
 v. 기뻐하다

□ **kegembiraan** 끄금비라안 n. 기쁨

□ **baik** 바익 a. 좋은; 착한

□ **puas** 뿌아스 a. 만족스러운

□ **cukup** 쭈꿉 a. 충분한

□ **bahagia** 바하기아
 a. 행복한

□ **kebahagiaan** 끄바하기아안
 n. 행복

□ **menarik** 므나릭
 a. 흥미로운
 v. 끌다; 잡아당기다

□ **tertarik** 뜨르따릭
 a. 흥미를 느끼는, 매력을 느끼는

□ **senyuman** 스뉴만 n. 미소

□ **senyum** 스늄 v. 미소 짓다

□ **tawa** 따와 n. 웃음

□ **tertawa** 뜨르따와 v. 웃다

☐ sedih 스디
　a. 슬픈

☐ kesedihan 끄스디한
　n. 슬픔

☐ muram 무람
　a. 우울한

☐ sengsara 승사라
　a. 고통을 겪는 n. 고통

☐ menderita 믄드리따
　a. 고통스럽다, 괴로워하다

☐ kecewa 끄쩨와
　a. 실망하는

☐ putus asa 뿌뚜스 아사
　a. 절망하는

☐ malang 말랑
　a. 불행의, 불행한

☐ marah 마라 a. 화난

☐ emosi 에모시
　n. 다혈질 a. 성질을 부리는

☐ sebal 스발
　a. 짜증 난

55

☐ benci 븐찌
　　v. 미워하다, 증오하다

☐ sifat 시팟 n. 성격

☐ ciri khas 찌리 하스 n. 특징, 특성

☐ kaget 까겟
= terkejut 뜨르끄줏
　　a. (예상치 못한 일에) 놀란, 두려워하는

☐ takut 따꿋
　　a. 두려워하는, 무서워하는

☐ ramah 라마
　　a. 친절한

☐ jujur 주주르
　　a. 정직한

☐ rajin 라진
　　a. 근면한

☐ bersemangat 브르스망앗
　　v. 활발하다, 활기차다

☐ sifat terbuka 시팟 뜨르부까
　　a. 외향적인

☐ sukarela 수까렐라
　　a. 자발적인

☐ agresif 아그레시프
　　a. 적극적인, 긍정적인

☐ positif 뽀시띠프 a. 긍정적인

☐ optimis 옵띠미스 a. 낙천적인

□ jahat 자핫
   a. 못된

□ egois 에고이스
   a. 이기적인

□ kecil hati 끄찔 하띠
   a. 소심한, 마음이 좁은

□ malu 말루
   a. 수줍은, 부끄러워하는

□ pesimistis 뻬씨미스띠스
   a. 비관적인

□ negatif 네가띠프
   a. 부정적인, 소극적인

□ serakah 스라까
= rakus 라꾸스
= tamak 따막
   a. 탐욕스러운

□ sombong 솜봉
   a. 거만한

□ narsis 나르시스
   a. 자신을 사랑하는

□ introver 인뜨로프르
   a. 내성적인, 눈에 띄지 않는

□ diam 디암
   a. 과묵한, 조용한

□ malas 말라스
   a. 게으른, 나태한

□ kasar 까사르
   a. 거친

57

□ perasaan 쁘라사안 n. 감정 ●━━━━━→ **tip.** 인도네시아 사람들은 쉽게 흥분하지 않아요.
　　　　　　　　　　　　　　　　　　현지인들은 흥분해서 소리 지르는 사람을
□ senang 스낭 a. 기분 좋은, 즐거운; 반가운　　　보면 '미친 사람(orang gila 오랑 길라)'이라
　　　　　　　　　　　　　　　　　　하여 오른손 집게손가락을 자기 이마에
　　　　　　　　　　　　　　　　　　사선으로 가져다 대며 비웃어요.
□ gembira 금비라 a. 기쁜, 기뻐하는
　　　□ kabar gembira 까바르 금비라 기쁜 소식
　　　□ bergembira 브르금비라 v. 기뻐하다
　　　□ kegembiraan 끄금비라안 n. 기쁨

□ baik 바익 a. 좋은; 착한
　　　□ kabar baik 까바르 바익 좋은 소식

□ bahagia 바하기아 a. 행복한
　　　□ kebahagiaan 끄바하기아안 n. 행복

　　　Saya merasa bahagia waktu bermain dengan anak.
　　　사야 므라사 바하기아 왁뚜 브르마인 등안 아낙
　　　저는 아이와 놀 때 행복합니다.

□ puas 뿌아스 a. 만족스러운

□ cukup 쭈꿉 a. 충분한

□ menarik 므나릭 a. 흥미로운 v. 끌다; 잡아당기다
　　　□ tertarik 뜨르따릭 a. 흥미를 느끼는, 매력을 느끼는

□ lega 르가 a. 여유 있는

□ senyuman 스뉴만 n. 미소
　　　□ senyum 스늄 v. 미소 짓다

□ tawa 따와 n. 웃음
　　　□ tertawa 뜨르따와 v. 웃다

□ sedih 스디 a. 슬픈
　　　□ kesedihan 끄스디한 n. 슬픔

□ duka cita 두까 찌따 n. 비애

□ muram 무람 a. 우울한

□ galau 갈라우 a. (부정적인 느낌의) 생각이 복잡한

Kamu lagi galau ya?
까무 라기 갈라우 야?
너 지금 생각이 복잡하니? (우울하니?)

□ sengsara 승사라 a. 고통을 겪는 n. 고통
　　□ menderita 믄드리따 a. 고통스럽다, 괴로워하다

□ sakit hati 사낏 하띠 마음에 상처를 입다

□ patah hati 빠따 하띠 v. 낙담하다

□ menenangkan 므느낭깐 v. 진정시키다

□ kecewa 끄쩨와 a. 실망하는

□ putus asa 뿌뚜스 아사 a. 절망하는

□ malang 말랑 a. 불행의, 불행한

□ marah 마라 a. 화난

Kenapa kamu sering marah?
끄나빠 까무 스링 마라?
왜 너는 자주 화를 내니?

□ emosi 에모시 n. 다혈질 a. 성질을 부리는

□ merasa minta maaf 므라사 민따 마아프 미안하게 느끼다

□ merasa tidak nyaman 므라사 띠닥 냐만 불안하게 느끼다

□ merasa tidak tenang 므라사 띠닥 뜨낭 초조하게 느끼다

□ sebal 스발 a. 짜증 난

□ khawatir 하와띠르/까와띠르 a. 걱정하는

    Jangan khawatir. Segalanya akan baik-baik saja.
    장안 하와띠르. 스갈라냐 아깐 바익바익 사자
    걱정하지 마. 다 잘될 거야.

□ mengerikan 릉으리깐 v. 끔찍한 느낌을 갖게 만들다(끔찍하다)

    Film itu mengerikan banget.
    필름 이뚜 릉으리깐 방읏
    저 영화는 정말 끔찍한 느낌을 갖게 해.

□ kejam 끄잠 a. 잔인한

□ tidak nyaman 띠닥 냐만 a. 불편한
    □ nyaman 냐만 a. 편안한

□ tidak suka 띠닥 수까 v. 좋아하지 않다(싫어하다)

□ benci 븐찌 v. 미워하다, 증오하다

    Aku benci sama sikap dia kayak itu.
    아꾸 븐찌 사마 시깝 디야 까약 이뚜
    나는 그러한 그의 태도를 증오해.

□ depresi 데프레시 n. 의기소침

□ kaget 까겟 a. (예상치 못한 일에) 놀란, 두려워하는
    = terkejut 뜨르끄줏

□ takut 따꿋 a. 두려워하는, 무서워하는
    □ kagum 까굼 a. (감탄하여) 놀란

    Saya takut sama ular.
    사야 따꿋 사마 울라르
    저는 뱀이 무서워요.

□ sifat 시팟 n. 성격

□ ramah 라마 a. 친절한

□ tak ramah 딱 라마 a. 친절하지 않은(불친절한)

□ jujur 주주르 a. 정직한

□ rajin 라진 a. 근면한

> Pak Iman selalu rajin bekerja.
> 빡 이만 슬랄루 라진 브끄르자
> 이만 씨는 항상 열심히 일합니다.

□ bersemangat 브르스망앗 v. 활발하다, 활기차다

□ mudah bergaul 무다 브르가울 a. 사교적인, 붙임성 있는
> = mudah bersosial 무다 브르소시알
> = ramah tamah 라마 따마

□ sifat terbuka 시팟 뜨르부까 a. 외향적인

□ sukarela 수까렐라 a. 자발적인

□ berhati-hati 브르하띠하띠 a. 신중한

> Putuskanlah dengan berhati-hati.
> 뿌뚜스깐라 등안 브르하띠하띠
> 신중하게 결정하세요.

□ cerdas 쯔르다스 a. 영민한

□ arif 아리프 a. 현명한

□ sopan 소빤 a. 얌전한, 예의 바른

> Kita harus sopan sama orang yang lebih tua.
> 끼따 하루스 소빤 사마 오랑 양 르비 뚜아
> 우리는 우리보다 나이 많은 사람들한테 예의를 갖추어야 해.

61

□ agresif 아그레시프 a. 적극적인, 긍정적인

□ positif 뽀시띠프 a. 긍정적인

> Dia menganggap semua hal secara positif.
> 디아 믕앙갑 스무아 할 스짜라 뽀시띠프
> 그는 모든 일을 긍정적으로 여긴다.

□ optimis 옵띠미스 a. 낙천적인

□ jahat 자핫 a. 못된

□ egois 에고이스 a. 이기적인
  □ mementingkan diri sendiri 므믄띵깐 디리 슨디리
  자기 자신만 생각하는

□ narsis 나르시스 a. 자신을 사랑하는

□ sombong 솜봉 a. 거만한

> Orang kaya biasanya mudah jadi sombong.
> 오랑 까야 비아사냐 무다 자디 솜봉
> 부자들은 보통 거만해지기 쉽다.

□ kecil hati 끄찔 하띠 a. 소심한, 마음이 좁은

□ malu 말루 a. 수줍은, 부끄러워하는
  □ segan 스간 a. (상대를 존중하여) 수줍어하는

□ introver 인뜨로프르 a. 내성적인, 눈에 띄지 않는

□ diam 디암 a. 과묵한, 조용한

> Kenapa kamu diam terus?
> 끄나빠 까무 디암 뜨루스?
> 왜 너는 계속 조용히 있니?

□ pesimistis 뻬씨미스띠스 a. 비관적인

□ **negatif** 네가띠프 a. 부정적인, 소극적인

□ **gugup** 구굽 a. 당황하는, 전전긍긍하는

□ **pusing** 뿌싱 a. 지겨운; 어지러운, 머리가 복잡한

□ **malas** 말라스 a. 게으른, 나태한

□ **serakah** 스라까 a. 탐욕스러운
　　= **rakus** 라꾸스
　　= **tamak** 따막

□ **kasar** 까사르 a. 거친

□ **ciri khas** 찌리 하스 n. 특징, 특성

04. 교통체증

꼭! 써먹는 **실전 회화**

Julius　Aku pusing sama Jakarta.
아꾸 뿌싱 사마 자까르따
난 자카르타가 지겨워.

Tati　Memang kenapa? Kamu ngomong ke aku kemarin, Jakarta kota yang bagus.
메망 끄나빠? 까무 응오몽 끄 아꾸 끄마린, 자까르따 꼬따 양 바구스
왜? 어제는 자카르타가 멋진 도시라고 했잖아.

Julius　Iya. Tapi aku pagi ini telat di kantor gara-gara macet.
이야. 따삐 아꾸 빠기 이니 뜰랏 디 깐또르 가라가라 마쯧
그래. 하지만 오늘 아침 교통체증 때문에 직장에 늦게 도착했거든.

Tati　Aku mengerti. Jangan sebal ya.
아꾸 믕으르띠. 장안 스발 야
이해해. 짜증 내지 마.

사랑 Kecintaan 끄찐따안

□ bertemu 브르뜨무
   v. 만나다

□ pertemuan 쁘르뜨무안
   n. 만남, 소개팅, 맞선

□ kencan 끈짠 n. 데이트

□ berkencan 브르끈짠
   v. 데이트하다

□ berpacaran 브르빠짜란
   v. 교제하다, 사귀다

□ cinta 찐따
   v. 사랑하다

□ kecintaan 끄찐따안
   n. 사랑

□ jatuh cinta 자뚜 찐따
   v. 사랑에 빠지다, 반하다

□ merasa cinta 므라사 찐따
   v. 애정을 느끼다

□ idaman 이다만
   n. 이상형

□ pacar 빠짜르
   n. 애인, 연인(여자 친구, 남자 친구)

□ suka 수까
　　v. 좋아하다, 마음에 들다

□ minat 미낫
　　n. 관심

□ berpegangan tangan
　　브르쁘강안 땅안
　　v. 손잡다

□ pelukan 쁠루깐
　　n. 포옹

□ peluk 쁠룩
　　v. 껴안다

□ ciuman 찌우만
　　n. 입맞춤, 키스

□ cium 찌움
　　v. 뽀뽀하다, 키스하다

□ rindu 린두
= kangen 깡은 (회화체)
　　v. 그리워하다

□ bersama 브르사마
　　ad. 함께, 더불어

□ bareng 바릉
　　ad. 함께 (회화체)

65

□ **kecemburuan** 끄쯤부루안
   n. 질투

□ **cemburu** 쯤부루
   v. 질투하다

□ **hubungan** 후붕안
   n. 관계

□ **bohong** 보홍
   v. 거짓말하다

□ **selingkuh** 슬링꾸
   v. 바람피우다

□ **mengkhianati** 믕히아나띠
   v. 배신하다

□ **pertengkaran** 쁘르뜽까란
   n. 말다툼

□ **bertengkar** 브르뜽까르
   v. 말다툼하다

□ **konflik** 꼰플릭
   n. 갈등, 투쟁

□ **menipu** 므니뿌
   v. 속이다

□ **putus** 뿌뚜스
   v. 이별하다; 끊다; 결정하다

□ **berpisah** 브르삐사
   v. 이별하다, 헤어지다; 결정하다

□ melamar 믈라마르
   v. 청혼하다; 지원하다

□ bertunangan 브르뚜낭안
   v. 약혼하다

□ menikah 므니까
   v. 결혼하다

□ pernikahan 쁘르니까한
   n. 결혼

□ upacara pernikahan
   우빠짜라 쁘르니까한
= upacara perkawinan
   우빠짜라 쁘르까위난
   결혼식

□ surat undangan pernikahan
   수랏 운당안 쁘르니까한
   n. 청첩장

□ cincin pernikahan
   찐찐 쁘르니까한
   n. 결혼반지

□ suami 수아미
   n. 남편

□ istri 이스뜨리
   n. 아내

□ ayah mertua 아야 므르뚜아
   장인; 시아버지

□ ibu mertua 이부 므르뚜아
   장모; 시어머니

□ pertemuan 쁘르뜨무안 n. 만남, 소개팅, 맞선
    □ pertemuan yang serius 쁘르뜨무안 양 세리우스 진지한 만남
    □ pertemuan yang ringan 쁘르뜨무안 양 링안 가벼운 만남
    □ kopi darat 꼬삐 다랏 번개 만남, 급만남 ⟍

tip. kopi darat은 SNS에서 많이 쓰는 용어입니다.

□ bertemu 브르뜨무 v. 만나다

Kapan kita bertemu lagi?
까빤 끼따 브르뜨무 라기?
언제 우리 다시 만나요?

□ kencan 끈짠 n. 데이트
    □ berkencan 브르끈짠 v. 데이트하다

Kamu mau berkencan sama aku?
까무 마우 브르끈짠 사마 아꾸?
너 나랑 데이트할래?

□ berpacaran 브르빠짜란 v. 교제하다, 사귀다

Aku lagi berpacaran sama dia.
아꾸 라기 브르빠짜란 사마 디아
나 요즘 그 애와 사귀고 있어.

□ cinta 찐따 v. 사랑하다

Aku cinta sama kamu.
아꾸 찐따 사마 까무
나는 너를 사랑해.

□ kecintaan 끄찐따안 n. 사랑

□ cinta dengan sepenuh jiwa 찐따 등안 스쁘누 지와 열렬히 사랑하다 ⟍

□ jatuh cinta 자뚜 찐따 v. 사랑에 빠지다, 반하다

tip. 인도네시아어의 형용사를
부사로 만드는 기본 방법은
'dengan 등안 + 형용사'입니다.

Kayaknya aku jatuh cinta sama Ayu.
까약냐 아꾸 자뚜 찐따 사마 아유
나 아유한테 빠진 것 같아.

□ jatuh cinta pada pandangan pertama 자뚜 찐따 빠다 빤당안 쁘르따마
첫눈에 반하다

□ merasa cinta 므라사 찐따 v. 애정을 느끼다

□ idaman 이다만 n. 이상형

Bagaimana wanita idaman Anda?
바게이마나 와니따 이다만 안다?
당신의 이상형(여성)은 어떤 사람이에요?

□ pacar 빠짜르 n. 애인, 연인(여자 친구, 남자 친구)

□ daya tarik 다야 따릭 n. 당기는 힘; 매력

□ atraktif 아뜨락띠프 a. 매력적인

□ menggoda 릉고다 v. 유혹하다

□ suka 수까 v. 좋아하다, 마음에 들다

□ kesan 끄산 n. 인상
　　□ kesan pertama 끄산 쁘르따마 n. 첫인상
　　□ berwajah baik 브르와자 바익 n. 좋은 인상

□ minat 미낫 n. 관심

□ memperhatikan 믐쁘르하띠깐 v. 관심을 기울이다
= peduli 쁘둘리

□ berpegangan tangan 브르쁘강안 땅안 v. 손잡다

□ pelukan 쁠루깐 n. 포옹
　　□ peluk 쁠룩 v. 껴안다

□ ciuman 찌우만 n. 입맞춤, 키스

□ **cium** 찌움 v. 뽀뽀하다, 키스하다

> **Aku mau cium samamu.**
> 아꾸 마우 찌움 사마무
> 나 너랑 뽀뽀하고 싶어.

□ **rindu** 린두 v. 그리워하다
  = **kangen** 깡은 (회화체)

> **Kamu kangen sama aku?**
> 까무 깡은 사마 아꾸?
> 너 나 보고 싶어?

□ **bersama** 브르사마 ad. 함께, 더불어
  □ **bareng** 바릉 ad. 함께(회화체)

□ **kecemburuan** 끄쯤부루안 n. 질투
  □ **cemburu** 쯤부루 v. 질투하다

□ **pertengkaran** 쁘르뜽까란 n. 말다툼
  □ **bertengkar** 브르뜽까르 v. 말다툼하다

□ **hubungan** 후붕안 n. 관계

□ **cinta jarak jauh** 찐따 자락 자우 장거리 연애하다
  = **LDR** 엘데에르

> **tip.** '장거리 연애'의 영어 Long Distance Relationship의 약자 LDR를 인도네시아어로
> 발음한 단어입니다.

> **Aku nggak suka LDR.**
> 아꾸 응각 수까 엘데에르
> 난 장거리 연애 싫어.

□ **tetap** 뜨땁 a. 변함없는
  = **tidak berubah** 띠닥 브루바

□ **setia** 스띠아 a. 충실한, 신의 있는

□ konflik 꼰플릭 n. 갈등, 투쟁

□ menjadi jauh 믄자디 자우 v. 멀어지다

□ bohong 보홍 v. 거짓말하다

> Jangan bohong sama aku.
> 장안 보홍 사마 아꾸
> 나한테 거짓말하지 마.

□ menipu 므니뿌 v. 속이다

□ selingkuh 슬링꾸 v. 바람피우다

□ mengkhianati 믕히아나띠 v. 배신하다

□ putus 뿌뚜스 v. 이별하다; 끊다; 결정하다
> □ berpisah 브르삐사 v. 이별하다, 헤어지다; 결정하다

□ meninggalkan 므닝갈깐 v. 떠나다; 남겨두다

□ lupa 루빠 v. 잊다

□ lajang 라장 a. (남녀) 미혼의
> □ bujangan 부장안 n. (남) 미혼 a. 미혼의

□ tembak 뗌박 v. 고백하다; 쏘다

□ melamar 믈라마르 v. 청혼하다; 지원하다

□ bertunangan 브르뚜낭안 v. 약혼하다

□ menikah 므니까 v. 결혼하다

> Saya akan menikah tahun depan.
> 사야 아깐 므니까 따훈 드빤
> 저 내년에 결혼할 거예요.

□ pernikahan 쁘르니까한 n. 결혼

□ upacara pernikahan 우빠짜라 쁘르니까한 결혼식
   = upacara perkawinan 우빠짜라 쁘르까위난

□ pengantin laki-laki 쁭안띤 라끼라끼 신랑

□ pengantin perempuan 쁭안띤 쁘름뿌안 신부

□ gaun pengantin 가운 쁭안띤 웨딩드레스

□ surat undangan pernikahan 수랏 운당안 쁘르니까한 n. 청첩장

□ cincin pernikahan 찐찐 쁘르니까한 n. 결혼반지

□ uang untuk kebahagiaan 우앙 운뚝 끄바하기아안 축의금

   tip. 인도네시아에서도 결혼식 하객들이 축의금을 내는 문화가 있어요.
   인도네시아 부패방지위원회는 고위 공직자의 청렴을 강조하기 위해 공무원의 축의금 최대
   허용금액을 Rp.1 juta(satu juta rupiah 사뚜 주따 루삐아, 백만 루피아)로 정했답니다.

□ suami 수아미 n. 남편

   Suami dia kaya banget.
   수아미 디아 까야 방웃
   그녀의 남편은 정말 부자예요.

□ istri 이스뜨리 n. 아내

□ suami istri 수아미 이스뜨리 부부

□ pasangan hidup 빠상안 히둡 배우자

□ ayah mertua 아야 므르뚜아 장인; 시아버지
   □ ayah istri 아야 이스뜨리 장인
   □ ayah suami 아야 수아미 시아버지

□ ibu mertua 이부 므르뚜아 장모; 시어머니
　　□ ibu istri 이부 이스뜨리 장모
　　□ ibu suami 이부 수아미 시어머니

□ menantu perempuan 므난뚜 쁘름뿌안 며느리

□ menantu laki-laki 므난뚜 라끼라끼 사위

05. 데이트

꼭! 써먹는 **실전 회화**

Jerry Semalam aku ketemu cewek yang namanya Dewi.
Aku suka dia tapi nggak tahu harus melakukan apa sama dia.
스말람 아꾸 끄뜨무 쩨웩 양 나마냐 데위.
아꾸 수까 디아 따삐 응각 따우 하루스 믈라꾸깐 아빠 사마 디아
어제저녁에 데위라는 여자애를 만났어.
그 애가 난 마음에 드는데, 그 애에게 뭘 해야 할지 모르겠어.

Bayu Kamu udah ngomong mau kencan akhir minggu ini sama dia?
까무 우다 응오몽 마우 끈짠 아히르 밍구 이니 사마 디아?
이번 주말에 데이트하자고 했어?

Jerry Belum. Tapi aku mau terus ketemu sama dia.
블룸. 따삐 아꾸 마우 뜨루스 끄뜨무 사마 디아
아니 아직. 하지만 그 애와 만나고 싶어.

Bayu Kalau begitu, kamu coba bawa dia ke tempat spesial.
Tempak aja perasaanmu.
깔라우 브기뚜, 까무 쪼바 바와 디아 끄 뜸빳 스뻬시알. 뗌빡 아자 쁘라사안무
그러면 그녀를 특별한 장소에 데려가 봐. 그리고 네 감정을 고백해.

가족 Keluarga 끌루아르가

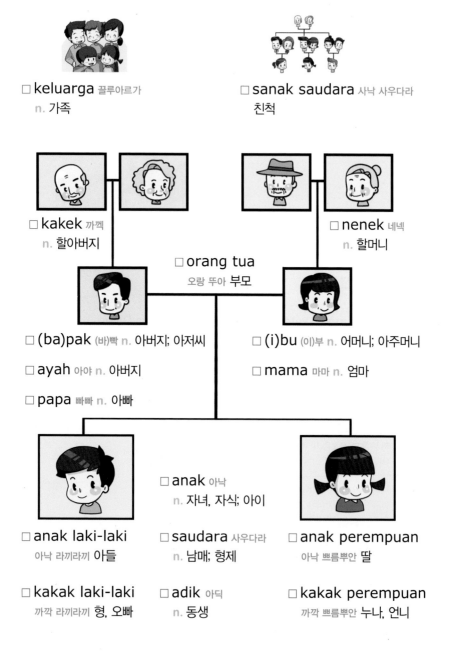

□ keluarga 끌루아르가
n. 가족

□ sanak saudara 사낙 사우다라
친척

□ kakek 까꼑
n. 할아버지

□ nenek 네넥
n. 할머니

□ orang tua
오랑 뚜아 부모

□ (ba)pak (바)빡 n. 아버지; 아저씨

□ (i)bu (이)부 n. 어머니; 아주머니

□ ayah 아야 n. 아버지

□ mama 마마 n. 엄마

□ papa 빠빠 n. 아빠

□ anak 아낙
n. 자녀, 자식; 아이

□ anak laki-laki
아낙 라끼라끼 아들

□ saudara 사우다라
n. 남매; 형제

□ anak perempuan
아낙 쁘름뿌안 딸

□ kakak laki-laki
까깍 라끼라끼 형, 오빠

□ adik 아딕
n. 동생

□ kakak perempuan
까깍 쁘름뿌안 누나, 언니

□ istri 이스뜨리

n. 아내

□ suami 수아미

n. 남편

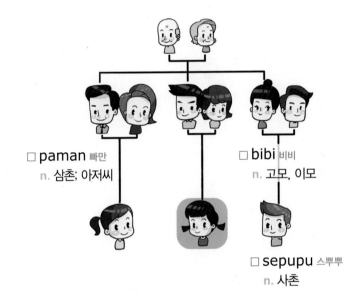

□ paman 빠만

n. 삼촌; 아저씨

□ bibi 비비

n. 고모, 이모

□ sepupu 스뿌뿌

n. 사촌

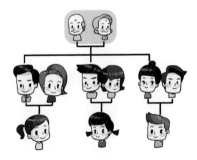

□ cucu 쭈쭈

n. 손주

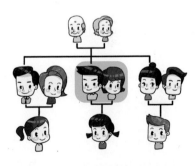

□ keponakan 끄뽀나깐

n. 조카

75

□ tua 뚜아
   a. 나이가 많은, 늙은; 짙은

□ orang dewasa
오랑 데와사
   n. 어른, 성인

□ pemuda 쁘무다
   n. 청년, 젊은이

□ muda 무다
   a. 어린, 젊은; 옅은

□ anak muda
아낙 무다
어린이

□ bayi 바의
   n. 아기, 신생아

□ remaja 르마자
   n. 청소년

□ hamil 하밀
   v. 임신하다

□ lahir 라히르
   v. 태어나다

□ menyusui 므뉴수이
   v. 수유하다

□ melahirkan 믈라히르깐
   v. 출산하다

□ susu ibu 수수 이부
   n. 모유

□ susu kering 수수 끄링
= susu bubuk 수수 부북
   n. 분유

□ botol susu 보똘 수수
   n. 젖병

□ popok 뽀뽁
   n. 기저귀

□ **mengasuh** 믕아수
  v. 기르다, 양육하다

□ **menjaga** 믄자가
  v. 돌보다, 지키다

□ **pengasuh anak** 뼁아수 아낙
= **babysitter** 베이비시뜨르
  n. 보모, 유모

□ **kereta bayi** 끄레따 바의
  유모차

□ **rukun** 루꾼
  a. 화목한

□ **tidak rukun** 띠닥 루꾼
  a. 불화한

□ **tinggal bersama** 띵갈 브르사마
함께 살다

□ **pisah ranjang** 삐사 란장
  v. 별거하다

77

□ **keluarga** 끌루아르가 n. 가족

> Berapa jumlah anggota keluarga Anda?
> 브라빠 줌라 앙고따 끌루아르가 안다?
> 당신의 가족 구성원은 몇 명입니까?

□ **orang tua** 오랑 뚜아 부모, 나이가 지긋한 사람
>   □ **orang tua suami** 오랑 뚜아 수아미 시부모
>   □ **orang tua istri** 오랑 뚜아 이스뜨리 처부모
>   □ **mertua** 므르뚜아 n. 배우자의 부모

□ **(ba)pak** (바)빡 n. 아버지; 아저씨 ⤶ **tip.** '~씨', '~님'과 같은 '남성에 대한 존칭어'도 됩니다.
>   □ **ayah** 아야 n. 아버지
>   □ **papa** 빠빠 n. 아빠
>   □ **kecintaan ayah** 끄찐따안 아야 부성애
>   = **kasih sayang ayah** 까시 사양 아야

□ **(i)bu** (이)부 n. 어머니; 아주머니 ⤶ **tip.** '~씨', '~님'과 같은 '여성에 대한 존칭어'도 됩니다.
>   □ **mama** 마마 n. 엄마
>   □ **kecintaan ibu** 끄찐따안 이부 모성애
>   = **kasih sayang ibu** 까시 사양 이부

□ **keluarga dari pihak ayah** 끌루아르가 다리 삐학 아야 친가
>   □ **keluarga dari pihak ibu** 끌루아르가 다리 삐학 이부 외가

□ **saudara** 사우다라 n. 남매; 형제
>   □ **sanak saudara** 사낙 사우다라 친척
>   □ **saudara laki-laki** 사우다라 라끼라끼 형제
>   □ **saudara perempuan** 사우다라 쁘름뿌안 자매
>   = **saudari** 사우다리
>   □ **adik** 아딕 n. 동생

> Dia saudara saya.
> 디아 사우다라 사야
> 그는 제 형제예요.

□ kakak laki-laki 까깍 라끼라끼 형, 오빠
   □ adik laki-laki 아딕 라끼라끼 남동생

□ kakak perempuan 까깍 쁘름뿌안 누나, 언니
   □ adik perempuan 아딕 쁘름뿌안 여동생

□ anak 아낙 n. 자녀, 자식; 아이
   □ anak laki-laki 아낙 라끼라끼 아들
   □ anak perempuan 아낙 쁘름뿌안 딸

   Saya punya 1 anak laki-laki.
   사야 뿌냐 사뚜 아낙 라끼라끼
   저는 아들이 하나 있어요.

□ kembar 끔바르 n. 쌍둥이
   □ kembar identik 끔바르 이덴띡 일란성 쌍둥이
   □ dampit 담삣 이란성 쌍둥이
   □ anak kembar tiga 아낙 끔바르 띠가 세쌍둥이

□ istri 이스뜨리 n. 아내

   Istri saya kerja di bank.
   이스뜨리 사야 끄르자 디 방
   제 아내는 은행에서 일합니다.

□ suami 수아미 n. 남편

□ menantu 므난뚜 n. 자식의 배우자
   □ menantu perempuan 므난뚜 쁘름뿌안 며느리
   □ menantu laki-laki 므난뚜 라끼라끼 사위

□ sepupu 스뿌뿌 n. 사촌
   □ kakak sepupu laki-laki 까깍 스뿌뿌 라끼라끼 사촌 형, 사촌 오빠
   □ kakak sepupu perempuan 까깍 스뿌뿌 쁘름뿌안 사촌 누나, 사촌 언니
   □ adik sepupu 아딕 스뿌뿌 사촌 동생

□ cucu 쭈쭈 n. 손주

□ keponakan 끄뽀나깐 n. 조카

Keponakan saya baru berumur 3 tahun.
끄뽀나깐 사야 바루 부르우무르 띠가 따훈
제 조카는 겨우 세 살 됐어요.

□ kakek 까껙 n. 할아버지
□ kakek dari pihak bapak 까껙 다리 삐학 바빡 친할아버지
□ kakek dari pihak ibu 까껙 다리 삐학 이부 외할아버지

□ nenek 네넥 n. 할머니
□ nenek dari pihak bapak 네넥 다리 삐학 바빡 친할머니
□ nenek dari pihak ibu 네넥 다리 삐학 이부 외할머니

□ paman 빠만 n. 삼촌; 아저씨

Paman saya orang Bali.
빠만 사야 오랑 발리
제 삼촌은 발리 사람이에요.

□ bibi 비비 n. 고모, 이모

□ orang dewasa 오랑 데와사 n. 어른, 성인

□ pemuda 쁘무다 n. 청년, 젊은이

□ remaja 르마자 n. 청소년
□ masa remaja 마사 르마자 사춘기
= masa pubertas 마사 뿌브르따스

□ anak muda 아낙 무다 어린이
□ anak di bawah umur 아낙 디 바와 우무르 미성년자

Anak di bawah umur dilarang menonton film itu.
아낙 디 바와 우무르 딜라랑 므논똔 필름 이뚜
미성년자가 그 영화를 보는 것은 금지되어 있습니다.

□ **bayi** 바의 n. 아기, 신생아
    □ **ayunan bayi** 아유난 바의 아기 요람
    = **buaian** 부아이안
    □ **tempat tidur bayi** 뜸빳 띠두르 바의 아기 침대
    □ **kereta bayi** 끄레따 바의 유모차

□ **muda** 무다 a. 어린, 젊은; 옅은

□ **tua** 뚜아 a. 나이가 많은, 늙은; 짙은

□ **matang** 마땅 a. 성숙한; 익은

□ **hamil** 하밀 v. 임신하다

□ **melahirkan** 믈라히르깐 v. 출산하다

tip. 인도네시아에는 bidan 비단(산파)을 통해 출산을 많이 해요. 그래서 kebidanan 끄비단안(조산학)을 공부하는 사람도 많아요.

□ **lahir** 라히르 v. 태어나다

    Saya lahir di Bandung.
    사야 라히르 디 반둥
    저는 반둥에서 태어났어요.

□ **menyusui** 므뉴수이 v. 수유하다

□ **susu ibu** 수수 이부 n. 모유

□ **botol susu** 보똘 수수 n. 젖병

□ **susu kering** 수수 끄링 n. 분유
    = **susu bubuk** 수수 부북

□ **popok** 뽀뽁 n. 기저귀

□ **mengasuh** 믕아수 v. 기르다, 양육하다

□ **menjaga** 믄자가 v. 돌보다, 지키다

□ mengurus 믕우루스 v. 돌보다, 관리하다

□ pengasuh anak 뻥아수 아낙 n. 보모, 유모
  = babysitter 베이비시뜨르

□ penyakit genetika 쁘냐낏 게네띠까 n. 유전병
  = penyakit keturunan 쁘냐낏 끄뚜루난

□ mirip 미립 a. 닮은, 비슷한

  Kamu lebih mirip sama ayah atau ibumu?
  까무 르비 미립 사마 아야 아따우 이부무?
  너는 어머니를 더 닮았니 아니면 아버지를 더 닮았니?

□ mengadopsi 믕아돕시 v. 입양하다
  = mengangkat anak 믕앙깟 아낙

□ anak adopsi 아낙 아돕시 n. 입양아
  = anak angkat 아낙 앙깟

□ tinggal bersama 띵갈 브르사마 함께 살다

□ berdiri sendiri 브르디리 슨디리 자립하다, 독립하다

□ rukun 루꾼 a. 화목한

  Keluarga kami rukun.
  끌루아르가 까미 루꾼
  저희 가족은 화목합니다.

□ tidak rukun 띠닥 루꾼 a. 불화한

□ pertengkaran 쁘르뜽까란 n. 말다툼
  □ bertengkar 브르뜽까르 v. 말다툼하다

□ pisah ranjang 삐사 란장 v. 별거하다

82

Saya udah 7 bulan pisah ranjang sama suami saya.
사야 우따 띠가 불란 삐사 란장 등안 수아미 사야
저는 이미 7개월째 남편과 별거 중이에요.

□ bercerai 브르쯔라이 v. 이혼하다

□ menikah lagi 므니까 라기 v. 재혼하다

06. 형제 소개

꼭! 써먹는 **실전 회화**

Putri   Bayu, kamu punya kakak laki-laki atau adik?
바유, 까무 뿌냐 까깍 라끼라끼 아따우 아딕?
바유, 넌 형이나 동생이 있니?

Bayu   Ada 1 adik laki-laki. Dia 8 tahun lebih muda dari aku.
아다 사뚜 아딕 라끼라끼. 디아 들라빤 따훈 르비 무다 다리 아꾸
남동생이 하나 있어. 그 앤 나보다 여덟 살 더 어려.

Putri   Kamu dekat sama dia?
까무 드깟 사마 디아?
넌 동생과 사이가 좋니?

Bayu   Dia agak nakal.
디아 아각 나깔
걘 좀 장난꾸러기야.

연습 문제

다음 단어를 읽고 맞는 뜻과 연결하세요.

1. anak	•	• 가족
2. badan	•	• 감정
3. baik	•	• 결혼
4. kakak laki-laki	•	• 누나, 언니
5. kakak perempuan	•	• 사랑
6. kecintaan	•	• 성격
7. keluarga	•	• 슬픈
8. muka	•	• 신체, 몸
9. perasaan	•	• 얼굴
10. pernikahan	•	• 자녀; 아이
11. sedih	•	• 좋은; 착한
12. sifat	•	• 형, 오빠

1. anak – 자녀; 아이 2. badan – 신체, 몸 3. baik – 좋은; 착한
4. kakak laki-laki – 형, 오빠 5. kakak perempuan – 누나, 언니
6. kecintaan – 사랑 7. keluarga – 가족 8. muka – 얼굴 9. perasaan – 감정
10. pernikahan – 결혼 11. sedih – 슬픈 12. sifat – 성격

Bab 3

자연

시간 & 날짜 Waktu & Tanggal 왁뚜 단 땅갈

□ **waktu** 왁뚜
   n. 시간 conj. ~할 때

□ **jam** 잠
   n. 시; 시간; 시계

□ **pukul** 뿌꿀
   n. 시

□ **menit** 므닛
   n. 분

□ **detik** 드띡
   n. 초

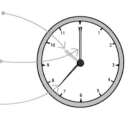

□ **setengah** 스뜽아
   n. 반(半), 30분

□ **jam tangan** 잠 땅안
   손목시계

□ **pagi** 빠기
   n. 아침,
      새벽부터 아침 시간
      (5~11시경)

□ **bangun tidur**
   방운 띠두르
   v. 깨어나다

□ **terbangun** 뜨르방운
   v. 잠이 깨다

□ **mandi** 만디
   v. 샤워하다, 목욕하다

□ **cuci muka** 쭈찌 무까
   v. 세수하다

□ **gosok gigi** 고속 기기
   v. 양치하다

□ **makan pagi** 마깐 빠기
= **sarapan** 사라빤
   n. 아침 식사
   v. 아침 식사를 하다

□ siang 시앙 n. 낮 (11~14시경)

□ tengah hari 뜽아 하리 정오

□ sore 소레 n. 오후 (14~18시경)

□ cemilan 쯔밀란
= makanan ringan 마까난 링안
　　n. 간식

□ malam 말람
　　n. 밤 (저녁 포함, 18~5시경)

□ tengah malam 뜽아 말람
　　n. 자정

□ mimpi 밈삐 n. 꿈

□ bermimpi 브르밈삐 v. 꿈을 꾸다

□ makan siang 마깐 시앙
　　n. 점심 식사
　　v. 점심 식사를 하다

□ tidur siang 띠두르 시앙
　　v. 낮잠 자다

□ makan malam 마깐 말람
　　n. 저녁 식사
　　v. 저녁 식사를 하다

□ tidur 띠두르
　　n. 잠 v. 자다

□ begadang 브가당
　　v. 밤새다

87

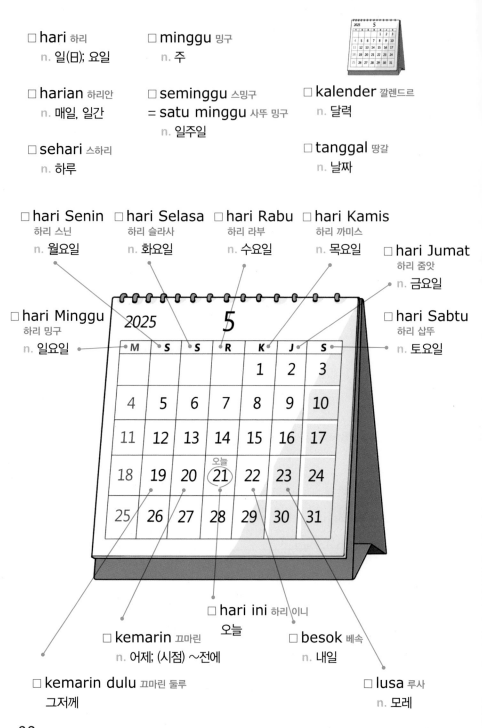

□ **hari** 하리
n. 일(日); 요일

□ **harian** 하리안
n. 매일, 일간

□ **sehari** 스하리
n. 하루

□ **minggu** 밍구
n. 주

□ **seminggu** 스밍구
= **satu minggu** 사뚜 밍구
n. 일주일

□ **kalender** 깔렌드르
n. 달력

□ **tanggal** 땅갈
n. 날짜

□ **hari Senin**
하리 스닌
n. 월요일

□ **hari Selasa**
하리 슬라사
n. 화요일

□ **hari Rabu**
하리 라부
n. 수요일

□ **hari Kamis**
하리 까미스
n. 목요일

□ **hari Jumat**
하리 줌앗
n. 금요일

□ **hari Minggu**
하리 밍구
n. 일요일

2025   5

□ **hari Sabtu**
하리 삽뚜
n. 토요일

M	S	S	R	K	J	S
				1	2	3
4	5	6	7	8	9	10
11	12	13	14	15	16	17
18	19	20	오늘 21	22	23	24
25	26	27	28	29	30	31

□ **hari ini** 하리 이니
오늘

□ **kemarin** 꼬마린
n. 어제; (시점) ~전에

□ **besok** 베속
n. 내일

□ **kemarin dulu** 꼬마린 둘루
그저께

□ **lusa** 루사
n. 모레

88

□ **bulan** 불란
　　n. 월(月), 달

□ **Januari** 자누아리 n. 1월

□ **Februari** 페브루아리 n. 2월

□ **Maret** 마릇 n. 3월

□ **April** 아쁘릴 n. 4월

□ **Mei** 메이 n. 5월

□ **Juni** 주니 n. 6월

□ **Juli** 줄리 n. 7월

□ **Agustus** 아구스뚜스 n. 8월

□ **September** 셉뗌브르 n. 9월

□ **Oktober** 옥또브르 n. 10월

□ **November** 노펨브르 n. 11월

□ **Desember** 데쎔브르 n. 12월

□ **tahun** 따훈
　　n. 년(年), 해

□ **tanggal merah** 땅갈 메라
　　국가공휴일

□ **Ramadan** 라마단 이슬람 금식월

□ **masa lalu** 마사 랄루
　과거

□ **waktu kini** 왁뚜 끼니
　현재

□ **masa depan** 마사 드빤
　미래

□ **masa** 마사
= **jangka waktu** 장까 왁뚜
　　n. 기간

□ **zaman** 쟈만
　　n. 시대

□ **belakangan (ini)** 블라깡안 (이니)
　= **baru-baru ini** 바루바루 이니
　= **akhir-akhir ini** 아히르아히르 이니
　= **dewasa ini** 데와사 이니
　= **saat ini** 사앗 이니
　　ad. 요즈음, 최근에

□ waktu 왁뚜 n. 시간 conj. ～할 때

□ jam 잠 n. 시; 시간; 시계
    □ jam tangan 잠 땅안 손목시계
    □ jam dinding 잠 딘딩 벽시계

    Sekarang jam berapa?
    스까랑 잠 브라빠?
    지금 몇 시인가요?

□ pukul 뿌꿀 n. 시
    □ menit 므닛 n. 분
    □ detik 드띡 n. 초
    □ setengah 스뜽아 n. 반(半), 30분

□ hari 하리 n. 일(日); 요일
    □ hari biasa 하리 비아사 평일
    □ hari libur 하리 리부르 휴일
    □ tengah hari 뜽아 하리 정오

□ harian 하리안 n. 매일, 일간

□ sehari 스하리 n. 하루

□ hari raya 하리 라야 기념일, 명절
    = hari peringatan 하리 쁘링아딴

□ hari libur nasional 하리 리부르 나시오날 국경일

□ hari ini 하리 이니 오늘

□ kemarin 끄마린 n. 어제; (시점) ～전에

□ kemarin dulu 끄마린 둘루 그저께

□ besok 베속 n. 내일

90

☐ lusa 루사 n. 모레

☐ minggu 밍구 n. 주
    ☐ seminggu 스밍구 n. 일주일
    = satu minggu 사뚜 밍구
    ☐ akhir minggu 아히르 밍구 주말
    = akhir pekan 아히르 쁘깐

☐ hari Senin 하리 스닌 n. 월요일

☐ hari Selasa 하리 슬라사 n. 화요일

☐ hari Rabu 하리 라부 n. 수요일

☐ hari Kamis 하리 까미스 n. 목요일

☐ hari Jumat 하리 줌앗 n. 금요일

☐ hari Sabtu 하리 삽뚜 n. 토요일

☐ hari Minggu 하리 밍구 n. 일요일

☐ terlambat 뜨를람밧 a. 늦은 v. 늦다, 지각하다
    ☐ telat 뜰랏 a. 늦은(네덜란드어 차용)

☐ cepat 쯔빳 a. 일찍, 이른; 빠른
    ☐ cepat-cepat 쯔빳쯔빳 ad. 빨리

tip. 인도네시아 사람들은
'빨리 빨리!(cepat-cepat 쯔빳쯔빳)' 보다
'느긋하게(santai-santai 산따이산따이)',
가끔은 여유 넘치게 '느릿느릿한
(pelan-pelan 쁠란쁠란)' 성격을 가진 듯해요.

☐ dini hari 디니 하리 n. 새벽
    = waktu subuh 왁뚜 수부

☐ pagi 빠기 n. 아침, 새벽부터 아침 시간(5~11시경)
    ☐ pagi-pagi 빠기빠기 이른 아침
    = kepagian 끄빠기안

☐ siang 시앙 n. 낮(11~14시경)

□ bangun tidur 방운 띠두르 v. 깨어나다
　　□ terbangun 뜨르방운 v. 잠이 깨다
　　□ membangunkan 믐방운깐 v. 잠을 깨우다; 일으켜 세우다
　　□ kesiangan 끄시앙안 v. 늦잠 자다
　　= bangun siang 방운 시앙

□ mandi 만디 v. 샤워하다, 목욕하다

□ cuci muka 쭈찌 무까 v. 세수하다

□ keramas 끄라마스 v. 머리를 감다

□ gosok gigi 고속 기기 v. 양치하다

□ makan pagi 마깐 빠기 n. 아침 식사 v. 아침 식사를 하다
　　= sarapan 사라빤

□ makan siang 마깐 시앙 n. 점심 식사 v. 점심 식사를 하다

□ cemilan 쯔밀란 n. 간식
　　= makanan ringan 마까난 링안

□ sore 소레 n. 오후(14~18시경)

□ malam 말람 n. 밤(저녁 포함, 18~5시경)
　　□ makan malam 마깐 말람 n. 저녁 식사 v. 저녁 식사를 하다
　　□ tengah malam 뜽아 말람 n. 자정

□ tidur 띠두르 n. 잠 v. 자다
　　□ tidur siang 띠두르 시앙 v. 낮잠 자다

　　Orang Indonesia biasa tidur siang sebentar habis makan siang.
　　오랑 인도네시아 비아사 띠두르 시앙 스븐따르 하비스 마깐 시앙
　　인도네시아 사람들은 보통 점심을 먹은 후 잠시 낮잠을 자요.

□ mimpi 밈삐 n. 꿈

□ bermimpi 브르밈삐 v. 꿈을 꾸다

□ mengantuk 믕안뚝 a. 졸린

□ begadang 브가당 v. 밤새다

□ bulan 불란 n. 월(月), 달
    □ bulanan 불라난 월간
    □ awal bulan 아왈 불란 월초
    □ akhir bulan 아히르 불란 월말

□ tahun 따훈 n. 년(年), 해
    □ tahunan 따후난 연간
    □ awal tahun 아왈 따훈 연초
    □ akhir tahun 아히르 따훈 연말

□ umur 우무르 n. 나이
    = usia 우시아

tip. 인도네시아는 아이가 태어나서 1년이 지나야 한 살이 돼요. 'Umur anak itu belum setahun! 우무르 아낙 이뚜 블룸 스따훈! 그 아이는 아직 한 살이 안 되었어!'라는 표현을 쓸 일이 있을지도 모르니 기억하세요.

□ ulang tahun 울랑 따훈 n. 생일

□ kalender 깔렌드르 n. 달력
    □ kalender hijriyah 깔렌드르 히즈리야 이슬람력
    □ kalender matahari 깔렌드르 마따하리 양력
    □ imlek 임렉 음력

tip. 세계 최대의 이슬람교인들이 살고 있는 인도네시아에는, 양력 1년(365일)보다 10~11일이 짧은 이슬람식 음력인 '이슬람력'을 볼 수 있습니다.

□ tanggal 땅갈 n. 날짜

Hari ini tanggal 21 Juli 2025.
하리 이니 땅갈 두아 뿔루 사뚜 줄리 두아리부 두아뿔루 리마
오늘은 2025년 7월 21일이에요.

□ tanggal merah 땅갈 메라 국가공휴일(달력 상 빨간날)
    □ Tahun Baru Masehi 따훈 바루 마세히 새해 첫날(양력)
    □ Tahun Baru Imlek 따훈 바루 임렉 음력 설

☐ Hari Raya Nyepi 하리 라야 녀삐 힌두교 명절(고요의 날)

☐ Wafat Yesus Kristus 와팟 예수스 끄리스뚜스 예수 서거일

= Wafat Isa Almasih 와팟 이사 알마시

☐ Hari Buruh Nasional 하리 부루 나시오날 노동절

☐ Kenaikan Yesus Kristus 끄나이깐 예수스 끄리스뚜스 예수 승천일

= Kenaikan Isa Almasih 끄나이깐 이사 알마시

☐ Isra Miraj Nabi Muhammad 이스라 미라지 나비 무함맛 이슬람교 명절

> **tip.** 예언자 무함마드가 하루에 5번의 기도를 하도록 신에게 계시를 받은 날입니다.

☐ Hari Raya Waisak 하리 라야 와이삭 석가탄신일

☐ Ramadan 라마단 이슬람 금식월

> **tip.** Ramadan은 이슬람력상 9번째 달에 한 달간 금식하는 기간이에요. 신자들은 금식하며 인내와 자제력을 습득하고, 소외된 층에 대한 동정심을 되돌아보는 시간을 가집니다.

☐ Lebaran 르바란 이슬람 명절(금식월 이후의 명절)

= Hari Raya Idul Fitri 하리 라야 이둘 피뜨리

☐ Hari Ulang Tahun Republik Indonesia
하리 울랑 따훈 레뿌블릭 인도네시아 건국 기념일; 독립 기념일

☐ Hari Raya Idul Adha 하리 라야 이둘 앗하 희생제 •

☐ Tahun Baru Hijriyah 따훈 바루 히즈리야 이슬람력 새해 첫날

☐ Maulid Nabi Muhammad 마울릿 나비 무함맛 무함마드 탄생일

☐ Hari Natal 하리 나딸 크리스마스

> **tip.** '희생제'는 신에게 염소 등을 제물로 바치는 종교 축제일로, 현재까지 내려오는 이슬람교 관습입니다.

☐ masa 마사 n. 기간

= jangka waktu 장까 왁뚜

☐ masa lalu 마사 랄루 과거

☐ waktu kini 왁뚜 끼니 현재

☐ masa depan 마사 드빤 미래

= masa yang akan datang 마사 양 아깐 다땅

☐ zaman 쟈만 n. 시대

□ sekarang 스까랑 ad. 지금

□ sesaat 스사앗 n. 찰나, 순간, 눈 깜작할 사이
   = momen 모믄
   = sekejap mata 스끄잡 마따

□ belakangan (ini) 블라깡안 (이니) ad. 요즈음, 최근에
   = baru-baru ini 바루바루 이니
   = akhir-akhir ini 아히르아히르 이니
   = dewasa ini 데와사 이니
   = saat ini 사앗 이니

□ yang lalu 양 랄루 a. 지나간; ~전에

□ yang akan datang 양 아깐 다땅
   a. 다가올; ~후에

07. 약속 잡기

꼭! 써먹는 **실전 회화**

Sonezza Kamu ada acara Selasa malam minggu depan?
까무 아다 아짜라 슬라사 말람 밍구 드빤?
너 다음 주 화요일 저녁에 뭐 해?

Ricky Aku mau nonton film di bioskop sama pacarku.
Kalau kamu?
아꾸 마우 논똔 필름 디 비오스꼽 사마 빠짜르꾸. 깔라우 까무?
여자 친구하고 영화관 가서 영화 볼 거야. 너는?

Sonezza Aku rencananya mau makan bareng sama kamu.
Tapi ga bisa ya.
아꾸 른짜나냐 마우 마깐 바릉 사마 까무. 따삐 가 비사 야
나 너랑 식사하려고 했는데. 안 되겠다.

Ricky Ah maaf, makan lain kali aja ya.
아 마아프, 마깐 라인 깔리 아자 야
아 미안, 다음번에 같이 식사하자.

95

날씨 & 계절 Cuaca & Musim 쭈아짜 단 무심

□ cuaca 쭈아짜
n. 날씨

□ baik 바익
　a. 좋은; 착한

□ jelek 즐렉
　a. 나쁜; 못생긴

□ segar 스가르
　a. 맑은; 말끔한

□ cerah 쯔라
　a. (날씨가) 맑은

□ hangat 항앗
　a. 따뜻한

□ panas 빠나스
　a. 더운

□ gerah 그라
　a. 후덥지근한

□ sedang 스당
　a. (날씨가) 온화한; 보통의

□ sejuk 스죽
　a. 시원한

□ dingin 딩인
　a. 차가운, 추운

□ matahari 마따하리
　n. 태양, 해

□ udara panas
우다라 빠나스
　열기

□ kering 끄링
= kemarau 끄마라우
　a. 건조한, 마른

□ awan 아완
　n. 구름

□ angin 앙인
　n. 바람

□ kabut 까붓
　n. 안개

96

□ **hujan** 후잔
　　n. 비 v. 비가 내리다

□ **jas hujan** 자스 후잔
　　n. 비옷

□ **payung** 빠융
　　n. 우산

□ **basah** 바사
　　a. 젖은

□ **angin topan** 앙인 또빤
= **badai** 바다이
　　n. 태풍, 폭풍

□ **kilat** 낄랏 n. 번개

□ **guntur** 군뚜르 n. 천둥

□ **salju** 살주
　　n. 눈

□ **turun salju** 뚜룬 살주
　　v. 눈이 내리다

□ **es** 에스
　　n. 얼음

□ **membeku** 믐브꾸
　　v. 얼다

□ musim 무심
　n. 계절

□ musim semi 무심 스미
= musim bunga 무심 붕아
　n. 봄

□ tunas 뚜나스 n. 새싹
□ bertunas 브르뚜나스 v. 싹이 트다

□ musim panas 무심 빠나스
　n. 여름

□ kelengar matahari 끌릉아르 마따하리
　일사병

□ musim gugur 무심 구구르
　n. 가을

□ panen 빠넨
= menuai 므누아이
　v. 수확하다, 추수하다

□ musim kering 무심 끄링
= musim kemarau 무심 끄마라우
　n. 건기

□ musim dingin 무심 딩인
= musim salju 무심 살주
　n. 겨울

□ musim hujan 무심 후잔
　n. 우기

98

□ ramalan cuaca 라말란 쭈아짜
= prakiraan cuaca 쁘라끼라안 쭈아짜
　일기예보

□ iklim 이끌림
= hawa 하와
　n. 기후

□ suhu 수후
= temperatur 뗌쁘라뚜르
　n. 온도
□ termometer 떼르모메뜨르
　n. 온도계

□ bencana alam 븐짜나 알람
　자연재해

□ banjir 반지르
　n. 홍수

□ Tsunami 쑤나미
　n. 쓰나미, 해일

□ gempa bumi 금빠 부미
　지진

□ gunung berapi 구눙 브라삐
　(활)화산

□ tanah 따나
　n. 흙, 토양

□ batu 바뚜
　n. 돌

99

☐ **cuaca** 쭈아짜 n. 날씨

> Bagaimana cuaca hari ini?
> 바가이마나 쭈아짜 하리 이니?
> 오늘 날씨 어때요?

☐ **baik** 바익 a. 좋은; 착한

☐ **jelek** 즐렉 a. 나쁜; 못생긴
　　☐ **buruk** 부룩 a. 나쁜(회화체)

☐ **segar** 스가르 a. 맑은; 말끔한; 신선한; 서늘한
　　☐ **bersih** 브르시 a. 맑은; 말끔한; 깨끗한, 청결한

☐ **cerah** 쯔라 a. (날씨가) 맑은
　　☐ **terang** 뜨랑 a. 맑은; 환한; 밝은; 분명한

☐ **hangat** 항앗 a. 따뜻한

☐ **panas** 빠나스 a. 더운

> Cuacanya panas banget ya.
> 쭈아짜냐 빠나스 방읏 야
> 날씨가 정말 덥네요.

tip. 대화상에서 서로 알고 있거나 알 수 있는 사물을 지칭할 때는 해당 단어에 접미사 '-nya'를 붙입니다.

☐ **gerah** 그라 a. 후덥지근한

☐ **sedang** 스당 a. (날씨가) 온화한; 보통의

☐ **sejuk** 스죽 a. 시원한

> ACnya berangin sejuk.
> 아쎄냐 브르앙인 스죽
> 에어컨 바람이 시원해요.

☐ **dingin** 딩인 a. 차가운, 추운

☐ **udara** 우다라 n. 공기, 대기

□ udara panas 우다라 빠나스 열기

□ atmosfer 앗모스페르 n. 대기권

□ sinar ultraviolet 시나르 울뜨라퓌올렛 자외선

□ matahari 마따하리 n. 태양, 해

□ kelengar matahari 끌릉아르 마따하리 일사병

□ kering 끄링 a. 건조한, 마른
= kemarau 끄마라우

□ kekeringan 끄끄링안 n. 가뭄; 마름

Tahun ini kekeringannya parah.
따훈 이니 끄끄링안냐 빠라
올해는 가뭄이 심해요.

□ awan 아완 n. 구름

□ mendung 믄둥 a. 먹구름이 낀; 흐린
= berawan 브라완

□ angin 앙인 n. 바람

Anginnya kencang.
앙인냐 끈짱
바람이 많이 불어요.

□ kabut 까붓 n. 안개

□ hujan 후잔 n. 비 v. 비가 내리다

□ tetesan hujan 떼떼산 후잔 빗방울

□ hujan lebat 후잔 르밧 폭우
= hujan deras 후잔 드라스

□ hujan panas 후잔 빠나스 여우비

□ gerimis 그리미스 n. 이슬비

□ jas hujan 자스 후잔 n. 비옷

Kak, kalau hujan harus pakai jas hujan.
깍, 깔라우 후잔 하루스 빠까이 자스 후잔
오빠, 비 올 땐 비옷을 꼭 입어야 해.

□ payung 빠융 n. 우산

□ hujan reda 후잔 르다 n. 개임(날씨가 맑아짐), 비가 그침

□ pelangi 뻴랑이 n. 무지개

□ basah 바사 a. 젖은

□ lembap 름밥 a. 눅눅한, 축축한, 습기 찬
    □ sangat lembap 상앗 름밥 a. 습도가 높은

□ angin topan 앙인 또빤 n. 태풍, 폭풍
    = badai 바다이

□ badai hujan 바다이 후잔 n. 폭풍우

□ guntur 군뚜르 n. 천둥

□ kilat 낄랏 n. 번개

□ salju 살주 n. 눈

□ turun salju 뚜룬 살주 v. 눈이 내리다

Kemarin turun salju banyak di daerah Seoul.
끄마린 뚜룬 살주 바낙 디 다에라 서울
어제 서울 지역에 눈이 많이 내렸어요.

□ iklim 이끌림 n. 기후

　= hawa 하와

　□ iklim panas 이끌림 빠나스 열대기후

　□ perubahan iklim 쁘르우바한 이끌림 기후변화

　Gara-gara perubahan iklim, bumi menjadi panas.
　가라가라 쁘르우바한 이끌림, 부미 믄자디 빠나스
　기후변화 때문에 지구가 더워지고 있어요.

□ musim 무심 n. 계절

　□ masuk musim 마숙 무심 v. (~계절로) 들어가다

　□ musim kering 무심 끄링 n. 건기

　= musim kemarau 무심 끄마라우

　□ musim hujan 무심 후잔 n. 우기

　Katanya tahun ini akan mulai musim hujan pada Juni.
　까따냐 따훈 이니 아깐 물라이 무심 후잔 빠다 주니
　올해는 6월에 우기가 시작될 예정이래요.

□ musim semi 무심 스미 n. 봄

　= musim bunga 무심 붕아

tip. 인도네시아는 건기가 4~9월, 우기는 10~3월이지만 최근 기후변화로 건기와 우기를 구분하는 경계가 무너지고 있어요. 또한 국토가 넓어 지역마다 기후 특색이 강해요.

□ musim panas 무심 빠나스 n. 여름

□ musim gugur 무심 구구르 n. 가을

□ musim dingin 무심 딩인 n. 겨울

　= musim salju 무심 살주

□ tunas 뚜나스 n. 새싹

□ bertunas 브르뚜나스 v. 싹이 트다

□ daun-daun yang berjatuhan 다운다운 양 브르자뚜한 낙엽

□ gugur 구구르 v. (낙엽·열매 등이) 떨어지다; 유산하다

□ panen 빠넨 v. 수확하다, 추수하다
= menuai 므누아이

Di Indonesia 3 kali panen dalam setahun.
디 인도네시아 띠가 깔리 빠넨 달람 스따훈
인도네시아에서는 1년에 3모작을 해요.

□ membeku 믐브꾸 v. 얼다

□ es 에스 n. 얼음

Tolong jangan pake es.
똘롱 장안 빠께 에스
얼음 넣지 마세요.

□ hujan batu es 후잔 바뚜 에스 우박

□ embun beku 음분 브꾸 서리

□ ramalan cuaca 라말란 쭈아짜 일기예보
= prakiraan cuaca 쁘라끼라안 쭈아짜

Menurut ramalan cuaca, besok ada topan.
므누룻 라말란 쭈아짜, 베속 아다 또빤
일기예보에서 내일 태풍이 올 거래요.

□ memperkirakan 믐쁘르끼라깐 v. 예상하다
= memprediksi 믐쁘레딕시

□ suhu 수후 n. 온도
= temperatur 뗌쁘라뚜르

□ termometer 떼르모메뜨르 n. 온도계

□ derajat 드라잣 n. ~도(℃, 섭씨 온도 단위)

□ bencana alam 븐짜나 알람 자연재해

□ banjir 반지르 n. 홍수

    Setiap tahun pada waktu ini, ada banjir.
    스띠압 따훈 빠다 왁뚜 이니, 아다 반지르
    매년 이맘때면 홍수가 나요.

□ Tsunami 쑤나미 n. 쓰나미, 해일

□ gempa bumi 금빠 부미 지진

□ perlindungan pengungsi 쁘를린둥안 쁭웅시 대피소

□ gunung berapi 구눙 브라삐 (활)화산

□ keadaan alam 끄아다안 알람 풍토

□ tanah 따나 n. 흙, 토양

□ batu 바뚜 n. 돌

08. 무더위

꼭! 써먹는 **실전 회화**

Putra   Gara-gara panas, semalam aku ga tidur sama sekali.
        가라가라 빠나스, 스말람 아꾸 가 띠두르 사마 스깔리
        더위 때문에 밤새 한숨도 못 잤어.

Ricky   Aku juga sama. Panas banget.
        아꾸 주가 사마. 빠나스 방읏
        나도야. 더위 죽겠어.

Putra   Kapan habis ya musim kering tahun ini?
        까빤 하비스 야 무심 끄링 따훈 이니?
        올해 건기는 언제 끝날까?

Ricky   Aku juga bingung.
        아꾸 주가 빙웅
        나도 그게 궁금해.

동물&식물 Binatang & Tumbuhan 비나땅 단 뚬부한

□ **binatang** 비나땅
= **hewan** 헤완
  n. 동물

□ **hewan peliharaan**
헤완 쁠리하라안
반려동물

□ **memberi pakan**
음브리 빠깐
먹이를 주다

□ **ekor** 에꼬르
  n. 꼬리

□ **mencakar** 믄짜까르
  v. 할퀴다

□ **menggonggong**
믕공공 v. (개가) 짖다

□ **anjing** 안징 n. 개

□ **anak anjing** 아낙 안징
강아지

□ **kucing** 꾸찡 n. 고양이

□ **anak kucing** 아낙 꾸찡
새끼 고양이

□ **sapi** 사삐 n. 소

□ **sapi susu** 사삐 수수
젖소

□ **kambing** 깜빙
  n. 염소

□ **babi** 바비
  n. 돼지

□ **kuda** 꾸다
  n. 말

□ **harimau** 하리마우
  n. 호랑이

□ **kelinci** 끌린찌
  n. 토끼

□ **domba** 돔바
  n. 양

□ monyet 모녯
n. 원숭이

□ gajah 가자
n. 코끼리

□ jerapah 즈라빠
n. 기린

□ singa 싱아
n. 사자

□ beruang 브루앙
n. 곰

□ rubah 루바
n. 여우

□ serigala 스리갈라
n. 늑대

□ zebra 제브라
n. 얼룩말

□ rusa 루사
n. 사슴

□ badak 바닥
n. 코뿔소

□ tikus 띠꾸스
n. 쥐

□ tikus mondok
띠꾸스 몬독
n. 두더지

□ tupai 뚜빠이
n. 다람쥐

□ kelelawar 끌를라와르
n. 박쥐

□ ikan paus 이깐 빠우스
n. 고래

107

□ **burung** 부룽
n. 새

□ **sayap** 사얍
n. 날개

□ **paruh** 빠루
n. 부리

□ **ayam** 아얌
n. 닭

□ **anak ayam** 아낙 아얌
병아리

□ **bebek** 베벡
n. 오리

□ **garuda** 가루다
n. 가루다

□ **burung gereja**
부룽 그레자
n. 참새

□ **burung merpati**
부룽 므르빠띠
= **burung dara** 부룽 다라
n. 비둘기

□ **burung camar**
부룽 짜마르
n. 갈매기

□ **burung hantu**
부룽 한뚜
n. 부엉이

□ **elang** 엘랑/을랑
= **burung rajawali**
부룽 라자왈리
n. 독수리

□ **pelatuk** 쁠라뚝
n. 딱따구리

□ **merak** 므락
n. 공작

□ **penguin** 뼹우인
n. 펭귄

□ ikan 이깐
　n. 물고기, 생선

□ insang 인상
　n. 아가미

□ sirip 시립
　n. 지느러미

□ ikan tropis
　이깐 뜨로삐스
　열대어

□ ikan hiu 이깐 히우
　n. 상어

□ gurita 구리따
　n. 문어

□ cumi-cumi 쭈미쭈미
　n. 오징어

□ udang 우당
　n. 새우

□ ular 울라르
　n. 뱀

□ kadal 까달
　n. 도마뱀

□ naga 나가
　n. 용, 이무기

□ kura-kura 꾸라꾸라
　n. 거북

□ buaya 부아야
　n. 악어

□ kodok 꼬독
　n. 개구리

□ keong 께옹
= siput 시뿟
　n. 달팽이

□ **serangga** 스랑가
　n. 곤충, 벌레

□ **hama** 하마
　n. 곤충, 벌레; 해충

□ **kupu-kupu** 꾸뿌꾸뿌
　n. 나비

□ **lebah** 르바
= **tawon** 따원
　n. 벌

□ **semut** 스뭇
　n. 개미

□ **nyamuk** 냐묵
　n. 모기

□ **lalat** 랄랏
　n. 파리

□ **kecoa** 끄쪼아
　n. 바퀴벌레

□ **laba-laba** 라바라바
　n. 거미

□ **tumbuhan** 뚬부한
　n. 식물

□ **pohon** 뽀혼
　n. 나무

□ **daun** 다운
　n. 잎

□ **dahan pohon** 다한 뽀혼
= **cabang pohon** 짜방 뽀혼
　나뭇가지

□ **akar** 아까르
　n. 뿌리

□ **rumput** 룸뿟
　n. 풀

□ bunga 붕아
n. 꽃

□ kuncup 꾼쭙
= tunas bunga 뚜나스 붕아
n. 꽃봉오리

□ daun bunga
다운 붕아
꽃잎

□ berbunga 브르붕아
= berkembang 브르끔방
v. 꽃피다

□ buah 부아
n. 열매, 과일

□ biji 비지
n. 열매, 과일; 씨, 씨앗

□ bunga lili 붕아 릴리
백합

□ bunga matahari
붕아 마따하리
해바라기

□ bunga teratai
붕아 뜨라따이
= seroja 스로자
연꽃

□ mawar 마와르
n. 장미

□ bunga raya sharon
붕아 라야 샤론 무궁화

□ tanam 따남
v. 심다

□ siram 시람
v. 물을 주다

□ cabut 짜붓
v. 뽑다

□ layu 라유
a. 시들시들한

111

☐ binatang 비나땅 n. 동물
　　= hewan 헤완

☐ kebun binatang 끄분 비나땅 동물원
　　　☐ kandang binatang 깐당 비나땅 우리, 축사
　　　☐ binatang liar 비나땅 리아르 야생동물
　　　☐ satwa langka 삿와 랑까 희귀 동물

☐ hewan peliharaan 헤완 뻴리하라안 반려동물
　　= hewan piaraan 헤완 삐아라안 (회화체)

　　Kalau menurut saya, hewan peliharaan juga keluarga.
　　깔라우 므누룻 사야, 헤완 뻴리하라안 주가 끌루아르가
　　저는 반려동물도 가족이라 생각해요.

☐ binatang ternak 비나땅 뜨르낙 가축

☐ memberi pakan 믐브리 빠깐 먹이를 주다
　　= kasih makan 까시 마깐 (회화체)

☐ bulu 불루 n. 털
　　　☐ bulu dan rambut 불루 단 람붓 깃털

☐ ekor 에꼬르 n. 꼬리

☐ cakar 짜까르 n. (동물) 발톱

☐ mencakar 믄짜까르 v. 할퀴다

☐ anjing 안징 n. 개
　　　☐ anak anjing 아낙 안징 강아지

　　Saya setiap malam jalan-jalan sama anjing saya.
　　사야 스띠압 말람 잘란잘란 사마 안징 사야
　　저는 매일 저녁 개와 함께 산책을 해요.

☐ menggonggong 릉공공 v. (개가) 짖다

Anjing dia sering menggonggong karena galak.
안징 디아 스링 긍공공 까르나 갈락
그 집 개는 사나워서 잘 짖어요.

□ **kucing** 꾸찡 n. 고양이
　　□ **anak kucing** 아낙 꾸찡 새끼 고양이

　　Saya memelihara kucing di rumah.
　　사야 므믈리하라 꾸찡 디 루마
　　저는 집에서 고양이를 키워요.

□ **sapi** 사삐 n. 소
　　□ **anak sapi** 아낙 사삐 송아지
　　□ **sapi jantan** 사삐 잔딴 황소, 수소
　　□ **sapi betina** 사삐 브띠나 암소
　　□ **sapi susu** 사삐 수수 젖소

□ **kerbau** 끄르바우 n. 물소

□ **kambing** 깜빙 n. 염소

□ **babi** 바비 n. 돼지

　　tip. 인도네시아 사람들은 이슬람교를 많이 믿어, 교리에 따라 돼지고기를 멀리해요.
　　　　그리고 발리 지역은 힌두교인이 대부분이라 소고기를 먹지 않아요.

□ **kuda** 꾸다 n. 말
　　□ **anak kuda** 아낙 꾸다 망아지
　　□ **kuku kuda** 꾸꾸 꾸다 발굽
　　□ **surai** 수라이 n. 갈기

□ **harimau** 하리마우 n. 호랑이

□ **kelinci** 끌린찌 n. 토끼

　　Bisa makan sate kelinci di Pulau Bali.
　　비사 마깐 사떼 끌린찌 디 뿔라우 발리
　　발리섬에서는 맛있는 토끼 꼬치구이를 먹을 수 있어요.

- [ ] domba 돔바 n. 양

- [ ] monyet 모녯 n. 원숭이

- [ ] gajah 가자 n. 코끼리

- [ ] jerapah 즈라빠 n. 기린

- [ ] singa 싱아 n. 사자

- [ ] beruang 브루앙 n. 곰

- [ ] rubah 루바 n. 여우

- [ ] serigala 스리갈라 n. 늑대

- [ ] zebra 제브라 n. 얼룩말
    = kuda belang 꾸다 블랑 (수마트라 사투리)

- [ ] rusa 루사 n. 사슴

- [ ] badak 바닥 n. 코뿔소

- [ ] tikus 띠꾸스 n. 쥐

- [ ] tikus mondok 띠꾸스 몬독 n. 두더지

- [ ] tupai 뚜빠이 n. 다람쥐

- [ ] kelelawar 끌를라와르 n. 박쥐

    Di Indonesia terdapat banyak kelelawar pada malam hari.
    디 인도네시아 뜨르다빳 바냑 끌를라와르 빠다 말람 하리
    인도네시아의 밤거리에서는 박쥐를 자주 볼 수 있습니다.

- [ ] ikan paus 이깐 빠우스 n. 고래

- [ ] ikan lumba-lumba 이깐 룸바룸바 n. 돌고래

□ burung 부룽 n. 새
  □ sayap 사얍 n. 날개
  □ paruh 빠루 n. 부리
  □ sarang 사랑 n. 둥지
  □ telur 뜰루르 n. 알
  □ mengeram 믕으람 v. 알을 품다
  □ berkicau 브르끼짜우 v. (새가) 지저귀다

□ ayam 아얌 n. 닭
  □ anak ayam 아낙 아얌 병아리
  □ ayam betina 아얌 브띠나 암탉
  □ ayam jantan 아얌 잔딴 수탉

□ bebek 베벡 n. 오리

  Indonesia terkenal dengan bebek goreng.
  인도네시아 뜨르끄날 등안 베벡 고렝
  인도네시아는 오리 튀김 요리가 유명해요.

□ itik 이띡 n. 거위

□ garuda 가루다 n. 가루다

  tip. '가루다'는 힌두교 신화에 등장하는 불멸의 새로, 인도네시아의 건국 이념이자 5대 원칙
      Pancasila 빤짜실라와 상징물에서 자주 볼 수 있어요.

□ burung gereja 부룽 그레자 n. 참새

□ burung pipit 부룽 삐삣 n. 뱁새

□ burung merpati 부룽 므르빠띠 n. 비둘기
  = burung dara 부룽 다라

□ burung camar 부룽 짜마르 n. 갈매기

□ burung hantu 부룽 한뚜 n. 부엉이

☐ elang 엘랑/을랑 n. 독수리
  = burung rajawali 부룽 라자왈리

☐ pelatuk 쁠라뚝 n. 딱따구리

☐ merak 므락 n. 공작

☐ penguin 뻥우인 n. 펭귄

☐ ikan 이깐 n. 물고기, 생선
  ☐ insang 인상 n. 아가미
  ☐ sirip 시립 n. 지느러미
  ☐ sisik 시식 n. 비늘

☐ ikan tropis 이깐 뜨로삐스 열대어
  ☐ akuarium 아꾸아리움 n. 어항

☐ ikan hiu 이깐 히우 n. 상어

☐ gurita 구리따 n. 문어

☐ cumi-cumi 쭈미쭈미 n. 오징어

☐ udang 우당 n. 새우

☐ ular 울라르 n. 뱀
  ☐ ular sawa 울라르 사와 n. 비단뱀
  ☐ kadal 까달 n. 도마뱀
  ☐ komodo 꼬모도 n. 코모도왕도마뱀

    tip. 코모도왕도마뱀은 인도네시아 코모도섬 등지에 분포하며 현존하는 최대 크기의
        도마뱀으로 유명합니다.

  ☐ cicak 찌짝 n. 찌짝

    tip. 게코(Gekko, 도마뱀붙이)에 해당하는 '찌짝'은 인도네시아 사람들에게 이로운 동물로
        여겨집니다. 인도네시아를 여행하다가 숙소에서 찌짝을 만나도 너무 당황하지 마세요.

Cicak dikenal sebagai binatang yang bermanfaat di Indonesia.
찌짝 디끄날 스바가이 비나땅 양 브르만파앗 디 인도네시아
인도네시아에서 찌짝은 이로운 동물로 알려져 있어요.

☐ naga 나가 n. 용, 이무기

☐ kura-kura 꾸라꾸라 n. 거북

☐ penyu 쁘뉴 n. 바다거북

☐ buaya 부아야 n. 악어

☐ kodok 꼬독 n. 개구리
    ☐ cebong 쩨봉 n. 올챙이
    = berudu 브루두

☐ keong 께옹 n. 달팽이
    = siput 시뿟

☐ serangga 스랑가 n. 곤충, 벌레
    ☐ hama 하마 n. 곤충, 벌레; 해충

☐ kupu-kupu 꾸뿌꾸뿌 n. 나비

☐ lebah 르바 n. 벌
    = tawon 따원
    ☐ tawon madu 따원 마두 꿀벌

☐ semut 스뭇 n. 개미

☐ nyamuk 냐묵 n. 모기

☐ lalat 랄랏 n. 파리

☐ kecoa 끄쪼아 n. 바퀴벌레

☐ laba-laba 라바라바 n. 거미

□ tumbuhan 뚬부한 n. 식물

□ pohon 뽀혼 n. 나무
    □ daun 다운 n. 잎
    □ batang pohon 바땅 뽀혼 나무줄기
    = tangkai pohon 땅까이 뽀혼
    □ dahan pohon 다한 뽀혼 나뭇가지
    = cabang pohon 짜방 뽀혼
    □ akar 아까르 n. 뿌리

□ rumput 룸뿟 n. 풀
    □ rumput laut 룸뿟 라웃 해초
    = tumbuhan laut 뚬부한 라웃

□ bunga 붕아 n. 꽃; 이자
    □ kuncup 꾼쭙 n. 꽃봉오리
    = tunas bunga 뚜나스 붕아
    □ daun bunga 다운 붕아 꽃잎

□ berbunga 브르붕아 v. 꽃피다
    = berkembang 브르끔방

tip. 인도네시아는 1993년 대통령령에 의하여
3가지 국화를 지정하고 있어요.
국가의 상징으로 주로 사용되는 '자스민',
가장 아름다운 꽃으로 표현되는 '나도제비난',
그리고 가장 희귀한 꽃으로 불리는
'라플레시아'가 그것이죠.

□ bunga negara 붕아 느가라 국화(국가의 꽃)
    □ bunga melati putih 붕아 믈라띠 뿌띠 자스민
    □ bunga anggrek bulan 붕아 앙그렉 불란 나도제비난(호접란)
    □ bunga padma raksasa 붕아 빳마 락사사 라플레시아

□ bunga lili 붕아 릴리 백합

□ bunga matahari 붕아 마따하리 해바라기

□ bunga teratai 붕아 뜨라따이 연꽃
    = seroja 스로자

□ **bunga raya sharon** 붕아 라야 샤론 무궁화

□ **mawar** 마와르 n. 장미

□ **buah** 부아 n. 과일, 열매; 개(수량사)
  □ **biji** 비지 n. 열매, 과일; 씨, 씨앗

□ **tanam** 따남 v. 심다

□ **siram** 시람 v. 물을 주다

□ **cabut** 짜붓 v. 뽑다

□ **layu** 라유 a. 시들시들한

09. 반려동물

꼭! 써먹는 **실전 회화**

Intan   Kamu piara hewan?
까무 삐아라 헤완?
너 반려동물 키우니?

Dewi   Udah 3 tahun piara anjing.
우다 띠가 따훈 삐아라 안징
개를 키운 지 3년째야.

Intan   Apa nggak sulit piara anjing di apartemen?
아빠 응각 술릿 삐아라 안징 디 아빠르뜨믄?
아파트에서 개 키우기 힘들지 않아?

Dewi   Nggak, karena anjing saya udah dilatih dengan baik.
Aku mau piara 1 ekor kucing juga.
응각, 까르나 안징 사야 우다 딜라띠 등안 바익.
아꾸 마우 삐아라 사뚜 에꼬르 꾸찡 주가
아니, 우리 개는 잘 훈련되었거든. 난 고양이도 한 마리 키우고 싶어.

연습 문제

다음 단어를 읽고 맞는 뜻과 연결하세요.

1. anjing •	• 개
2. awan •	• 계절
3. binatang •	• 구름
4. bunga •	• 꽃; 이자
5. cuaca •	• 나무
6. hari •	• 날씨
7. jam •	• 동물
8. matahari •	• 시; 시간; 시계
9. musim •	• 식물
10. pohon •	• 일(日); 요일
11. sekarang •	• 지금
12. tumbuhan •	• 태양, 해

1. anjing – 개 2. awan – 구름 3. binatang – 동물 4. bunga – 꽃; 이자
5. cuaca – 날씨 6. hari – 일(日); 요일 7. jam – 시; 시간; 시계 8. matahari – 태양, 해
9. musim – 계절 10. pohon – 나무 11. sekarang – 지금 12. tumbuhan – 식물

Bab 4

가정

□ **rumah** 루마
n. 집, 주택

□ **kamar** 까마르
n. 방; 객실(숙박)

□ **kamar tidur**
까마르 띠두르 **침실**

□ **dapur** 다뿌르
n. 부엌

□ **ruang makan**
루앙 마깐 **식당**

□ **kamar loteng**
까마르 로뗑 **다락방**

□ **ruang tamu**
루앙 따무
거실, 응접실

□ **kamar mandi**
까마르 만디
욕실, 샤워실

□ **kamar kecil** 까마르 끄찔
= **toilet** 또일렛
= **W.C.** 웨쩨
화장실

□ **pintu** 삔뚜
n. 문

□ **pintu masuk**
삔뚜 마숙 **현관; 입구**

□ **kunci** 꾼찌
n. 열쇠

□ **jendela** 즌델라
n. 창문

□ **kebun** 끄분
n. 정원

□ **halaman** 할라만
n. 마당

□ tangga 땅가
n. 계단

□ lift 리프뜨
n. 승강기, 엘리베이터

□ lantai 란따이
n. 층; 바닥

□ langit-langit 랑잇랑잇
n. 천장

□ atap 아땁
n. 지붕

□ dinding 딘딩
n. 벽

□ perabot 쁘라봇
n. 가구

□ meja 메자
n. 탁자

□ meja makan
메자 마깐 식탁

□ meja belajar
메자 블라자르 책상

□ kursi 꾸르시
n. 의자; 좌석

□ sofa 소파
n. 소파

□ televisi 뗄레퓌시
n. 텔레비전

□ tempat tidur 뜸빳 띠두르
= ranjang 란장
n. 침대

□ lemari pakaian
르마리 빠까이안
n. 옷장

123

□ rak 락
n. 선반

□ laci 라찌
n. 서랍

□ cermin 쯔르민
n. 거울

□ lampu 람뿌
n. 램프, 전등

□ kulkas 꿀까스
n. 냉장고

□ kompor 꼼뽀르
n. 오븐

□ kompor gas
꼼뽀르 가스
n. 가스레인지

□ kompor listrik
꼼뽀르 리스뜨릭
n. 전기레인지(인덕션)

□ microwave
마이끄로웨입
n. 전자레인지

□ mikser 믹스르
n. 믹서, 혼합기

□ pemanggang roti
쁘망강 로띠
n. 토스터

□ poci 뽀찌
n. 주전자

□ mencuci 믄쭈찌
v. 씻다

□ mesin cuci piring
므신 쭈찌 삐링
n. 식기세척기

□ bak cuci piring
박 쭈찌 삐링
n. 싱크대

□ **wastafel** 와스따플
n. 세면대

□ **kran** 끄란
n. 수도꼭지

□ **kloset** 끌로셋
n. 변기

□ **mandi** 만디
v. 샤워하다, 목욕하다

□ **bak mandi** 박 만디
n. 욕조

□ **shower** 쇼워르
n. 샤워기

□ **sabun** 사분
n. 비누

□ **sampo** 삼뽀
n. 샴푸

□ **pasta gigi** 빠스따 기기
n. 치약

□ **kondisioner rambut**
꼰디시오느르 람붓 n. 린스

□ **sikat gigi** 시깟 기기
n. 칫솔

□ **mencuci pakaian**
믄쭈찌 빠까이안
v. 세탁하다, 빨래하다

□ **pencuci pakaian**
쁜쭈찌 빠까이안
n. 세탁기

□ **cucian pakaian**
쭈찌안 빠까이안
n. 세탁물

□ **sampah** 삼빠
n. 쓰레기

□ **membersihkan**
음브르시깐
v. 청소하다, 깨끗이 하다

□ **alat pembersih**
알랏 쁨브르시
청소기

125

☐ **rumah** 루마 n. 집, 주택

☐ **kamar** 까마르 n. 방; 객실(숙박)

☐ **kamar tidur** 까마르 띠두르 침실

☐ **dapur** 다뿌르 n. 부엌

☐ **ruang makan** 루앙 마깐 식당

☐ **ruang tamu** 루앙 따무 거실, 응접실

> Semua keluarga saya sedang menonton televisi di ruang tamu.
> 스무아 끌루아르가 사야 스당 므논똔 뗄레퓌시 디 루앙 따무
> 온 가족이 거실에서 TV를 보고 있어요.

☐ **kamar loteng** 까마르 로뗑 다락방

> Lili sekarang tinggal di rumah yang punya kamar loteng. (회화체)
> 릴리 스까랑 띵갈 디 루마 양 뿌냐 까마르 로뗑
> 릴리는 다락방이 있는 집에 살고 있습니다.

☐ **kamar mandi** 까마르 만디 (집 안에 있는) 욕실, 샤워실

☐ **kamar kecil** 까마르 끄찔 화장실
    = **toilet** 또일렛
    = **W.C.** 웨쎄

> Di mana toilet?
> 디 마나 또일렛?
> 화장실은 어디 있어요?

tip. 인도네시아는 예부터 화장실에서 일을 마치고 나서 물로 처리하는 문화가 있어요. 그래서 많은 공공 화장실에 물통과 바가지 또는 물호스만 있는 곳들이 많아요. 인도네시아에서 화장실을 갈 때 꼭 휴지를 가져가세요!

☐ **pintu** 삔뚜 n. 문

> Tolong ditutup pintunya. (회화체)
> 똘롱 디뚜뚭 삔뚜냐
> 문 좀 닫아 주세요.

☐ **pintu keluar** 삔뚜 끌루아르 출구

□ pintu masuk 삔뚜 마숙 현관; 입구

□ bel pintu 벨 삔뚜 초인종

Ada seseorang yang menekan bel pintu.
아다 스스오랑 양 므느깐 벨 삔뚜
누가 밤늦게 초인종을 눌렀어요.

□ kunci 꾼찌 n. 열쇠

□ gembok 금복 n. 자물쇠

□ jendela 즌델라 n. 창문

□ buka 부까 v. 열다

□ tutup 뚜뚭 v. 닫다

□ kebun 끄분 n. 정원

□ halaman 할라만 n. 마당

□ pagar 빠가르 n. 울타리

□ tangga 땅가 n. 계단

□ lift 리프뜨 n. 승강기, 엘리베이터

Nggak ada lift di gedung ini jadi harus naik tangga.
응각 아다 리프뜨 디 그둥 이니 자디 하루스 나익 땅가
이 건물에는 승강기가 없기 때문에 계단으로 올라가야 해요.

□ lantai 란따이 n. 층; 바닥
  □ lantai bawah tanah 란따이 바와 따나 n. 지하층
  = basemen 베이스믄

□ langit-langit 랑잇랑잇 n. 천장

□ cerobong asap 쯔로봉 아삽 n. 굴뚝

□ atap 아땁 n. 지붕

□ dinding 딘딩 n. 벽

□ perabot 쁘라봇 n. 가구

□ meja 메자 n. 탁자
    □ meja makan 메자 마깐 식탁
    □ meja belajar 메자 블라자르 책상

□ kursi 꾸르시 n. 의자; 좌석

□ sofa 소파 n. 소파

□ tirai 띠라이 n. 커튼 ●———————→ **tip.** 동의어로 'gorden 고르든'이 있습니다.

□ televisi 뗄레풔시 n. 텔레비전

□ tempat tidur 뜸빳 띠두르 n. 침대
    = ranjang 란장
    □ ranjang ganda 란장 간다 더블베드
    = tempat tidur untuk dua orang 뜸빳 띠두르 운뚝 두아 오랑
    □ twin bed 뜨윈 벳 트윈베드
    □ tempat tidur bayi 뜸빳 띠두르 바의 아기 침대
    □ ayunan bayi 아유난 바의 아기 요람
    = buaian 부아이안

□ lemari pakaian 르마리 빠까이안 n. 옷장

    Saya perlu bantuan Anda untuk memindahkan lemari pakaian.
    사야 쁘를루 반뚜안 안다 운뚝 므민다깐 르마리 빠까이안
    제가 옷장을 옮기는 데 당신의 도움이 필요해요.

□ lemari penyimpan 르마리 쁘님빤 n. 수납장

☐ rak 락 n. 선반

☐ laci 라찌 n. 서랍

☐ cermin 쯔르민 n. 거울

☐ lampu 람뿌 n. 램프, 전등

☐ gantungan jas 간뚱안 자스 n. 옷걸이

☐ kulkas 꿀까스 n. 냉장고

☐ kompor 꼼뽀르 n. 오븐

☐ kompor gas 꼼뽀르 가스 n. 가스레인지

☐ kompor listrik 꼼뽀르 리스뜨릭 n. 전기레인지(인덕션)

☐ microwave 마이끄로웨입 n. 전자레인지

☐ mikser 믹스르 n. 믹서, 혼합기
　　= alat pencampur listrik 알랏 쁜짬뿌르 리스뜨릭

☐ blender 블렌드르 n. 분쇄기

☐ pemanggang roti 쁘망강 로띠 n. 토스터

☐ poci 뽀찌 n. 주전자

☐ mencuci 믄쭈찌 v. 씻다; 세탁하다

☐ mencuci piring 믄쭈찌 삐링 v. 설거지하다

☐ mesin cuci piring 므신 쭈지 삐링 n. 식기세척기

☐ bak cuci piring 박 쭈찌 삐링 n. 싱크대

□ wastafel 와스따플 n. 세면대

□ kran 끄란 n. 수도꼭지

□ mandi 만디 v. 샤워하다, 목욕하다

> Saya mau mandi.
> 사야 마우 만디
> 저는 목욕하려고 해요.

□ bak mandi 박 만디 n. 욕조

□ shower 쇼워르 n. 샤워기

□ sabun 사분 n. 비누

□ sampo 삼뽀 n. 샴푸
  □ kondisioner rambut 꼰디시오느르 람붓 n. 린스

□ pasta gigi 빠스따 기기 n. 치약
  □ sikat gigi 시깟 기기 n. 칫솔

□ kloset 끌로셋 n. 변기

□ mencuci (pakaian) 믄쭈찌 (빠까이안) v. 세탁하다, 빨래하다

□ pencuci pakaian 쁜쭈찌 빠까이안 n. 세탁기

□ cucian (pakaian) 쭈찌안 (빠까이안) n. 세탁물

□ sampah 삼빠 n. 쓰레기

□ buang sampah 부앙 삼빠 v. 쓰레기를 버리다

> Jangan buang sampah sembarangan.
> 장안 부앙 삼빠 슴바랑안
> 쓰레기를 함부로 버리지 마세요.

□ tong sampah 똥 삼빠 쓰레기통, 휴지통
 = keranjang sampah 끄란장 삼빠

□ membersihkan 믐브르시깐 v. 청소하다, 깨끗이 하다
 = bersih-bersih 브르시브르시 (회화체)

□ mengelap 믕을랍 v. (걸레로) 닦다

□ menyikat 므늬깟 v. (솔로) 닦다, 솔질하다

□ menyapu 므냐뿌 v. 쓸다, 비질하다

□ alat pembersih 알랏 쁨브르시 청소기

10. 설거지

꼭! 써먹는 **실전 회화**

Dewi Bayu, bisa mencuci piring?
바유, 비사 믄쭈찌 삐링?
바유, 설거지해 줄 수 있니?

Bayu Nggak bisa, aku ini udah seharian bersih-bersih semua kamar sampai toilet.
응각 비사, 아꾸 이니 우다 스하리안 브르시브르시 스무아 까마르 삼빠이 또일렛
안 돼, 방 전부와 화장실까지 하루 종일 청소했다고!

Dewi Iya, tapi aku harus keluar.
Tolong bantu sekali lagi saja.
이야, 따삐 아꾸 하루스 끌루아르. 똘롱 반뚜 스깔리 라기 사자
그래, 하지만 난 나가야 하거든. 한 번만 더 부탁해.

Bayu Oke, tapi cuma kali ini saja.
오께, 따삐 쭈마 깔리 이니 사자
알았어, 하지만 이번만이야.

Pelajaran 11.
옷 Pakaian 빠까이안

□ **pakaian** 빠까이안
　n. 옷

□ **pakai baju** 빠까이 바주
　v. 옷을 입다

□ **buka baju** 부까 바주
　v. 옷을 벗다

□ **kaos** 까오스
　n. 티셔츠

□ **kemeja** 끄메자
　n. 와이셔츠

□ **blus** 블루스
　n. 블라우스

□ **jas** 자스
　n. 정장, 양복

□ **jaket** 자껫
　n. 재킷; 점퍼

□ **jaket bahan kapas**
　자껫 바한 까빠스
　패딩 점퍼

□ **sweter** 스웨뜨르
　n. 스웨터

□ **mantel** 만뜰
　n. 코트

□ **rompi** 롬삐
　n. 조끼

132

□ celana 쫄라나
n. 하의; 바지

□ celana pendek
쫄라나 뻰덱
반바지

□ celana jin 쫄라나 진
청바지

□ rok 록
n. 치마

□ rok pendek 록 뻰덱
미니스커트

□ baju terusan
바주 뜨루산
원피스

□ gaun 가운
n. 드레스

□ batik 바띡
n. 바띡
(인도네시아 전통 의상)

□ baju tidur 바주 띠두르
= piyama 삐야마
잠옷

□ celana dalam
쫄라나 달람
속옷

□ pakaian olahraga
빠까이안 올라라가
n. 운동복

□ baju renang 바주 르낭
= pakaian renang
빠까이안 르낭
n. 수영복

133

□ syal 샬
n. 스카프, 목도리

□ jilbab 질밥
n. 질밥(무슬림 여성들이
얼굴과 목에 두르는 천)

□ ikat pinggang
이깟 삥강
= belt 벨
n. 허리띠, 벨트

□ dasi 다시
n. 넥타이

□ sarung tangan
사룽 땅안 n. 장갑

□ topi 또삐
n. 모자

□ peci 쁘찌
n. 쁘찌(무슬림 남성들이
쓰는 모자)

□ kaos kaki 까오스 까끼
n. 양말

□ sepatu 스빠뚜
n. 신발

□ sepatu olahraga
스빠뚜 올라라가 운동화

□ sepatu bot 스빠뚜 봇
장화

□ sandal 산달
n. 슬리퍼

□ sandal jepit
산달 즈삣 조리

□ sepatu sandal
스빠뚜 산달 샌들

□ sandal ruangan
산달 루앙안 실내화

☐ kacamata 까짜마따
n. 안경

☐ kacamata hitam
까짜마따 히땀
= sunglass 선글라스
n. 선글라스

☐ tas 따스
n. 가방

☐ tas tangan 따스 땅안
n. 핸드백

☐ koper 꼬뻐르
n. 여행용 가방

☐ ransel 란셀
n. 배낭

☐ dompet 돔뻿
n. 지갑

☐ permata 쁘르마따
n. 보석

☐ aksesoris 악세소리스
n. 장신구, 액세서리

☐ kalung 깔룽
n. 목걸이

☐ anting 안띵
n. 귀걸이

☐ gelang 글랑
n. 팔찌

☐ cincin 찐찐
n. 반지

135

□ pakaian 빠까이안 n. 옷

□ pakai 빠까이 v. 착용하다; 사용하다
  □ pakai baju 빠까이 바주 v. 옷을 입다
  □ buka baju 부까 바주 v. 옷을 벗다

□ kaos 까오스 n. 티셔츠

□ kemeja 끄메자 n. 와이셔츠

□ blus 블루스 n. 블라우스

□ jas 자스 n. 정장, 양복

□ jaket 자껫 n. 재킷; 점퍼
  □ jaket bahan kapas 자껫 바한 까빠스 패딩 점퍼

  Dia cocok dengan jas hitam.
  디아 쪼쪽 등안 자스 히땀
  그는 검은색 재킷이 잘 어울려요.

□ sweter 스웨뜨르 n. 스웨터

□ mantel 만뜰 n. 코트

□ rompi 롬삐 n. 조끼

□ celana 쫄라나 n. 하의; 바지
  □ celana panjang 쫄라나 빤장 긴 바지
  □ celana pendek 쫄라나 뻰덱 반바지
  □ celana jin 쫄라나 진 청바지

  Saya pakai celana pendek karena belakangan cuacanya panas.
  (회화체)
  사야 빠까이 쫄라나 뻰떽 까르나 블라깡안 쭈아짜냐 빠나스
  전 요즘 날씨가 너무 더워서 반바지를 입어요.

□ rok 록 n. 치마
  □ rok pendek 록 뻰덱 미니스커트
  □ rok lipat 록 리빳 주름치마

  Ayu lagi pakai rok berwarna hijau. (회화체)
  아유 라기 빠까이 록 브르와르나 히자우
  초록색 치마를 입고 있어요.

□ baju terusan 바주 뜨루산 원피스

□ gaun 가운 n. 드레스
  □ gaun pengantin 가운 뻥안띤 웨딩드레스
  □ gaun pesta 가운 뻬스따 이브닝드레스

□ batik 바띡 n. 바띡(인도네시아 전통 의상)

  tip. '바띡'이란 옷감에 무늬를 염색하는 인도네시아 전통기법을 의미해요. 공식 행사 시
       많은 사람들이 바띡을 입으며, 매주 금요일을 'Hari Batik 하리 바띡 바띡의 날'로 정해
       국가적으로 바띡 입기에 앞장서고 있어요.

□ baju tidur 바주 띠두르 잠옷
  = piyama 삐야마

□ celana dalam 쫄라나 달람 속옷(남녀 공용)
  □ pakaian dalam wanita 빠까이안 달람 와니따 여성 속옷
  □ BH 베하 브래지어 ●━━━━━━━━→ tip. 'Buste Houder'의 약자이며,
                                        회화에서는 BH로 말합니다.

□ pakaian olahraga 빠까이안 올라라가 n. 운동복

□ baju renang 바주 르낭 n. 수영복
  = pakaian renang 빠까이안 르낭

□ jas hujan 자스 후잔 n. 비옷
                          ┌─→ tip. 인도네시아의 무슬림 여성들은 이슬람 규율에 따라
□ syal 샬 n. 스카프, 목도리   얼굴을 제외한 머리, 귀, 목 부분을 jilbab 질밥으로
                                   가리고 생활합니다.

□ jilbab 질밥 n. 질밥(무슬림 여성들이 얼굴과 목에 두르는 천)

137

□ ikat pinggang 이깟 삥강 n. 허리띠, 벨트
= belt 벨

□ dasi 다시 n. 넥타이

□ sarung tangan 사룽 땅안 n. 장갑

□ topi 또삐 n. 모자

□ peci 쁘찌 n. 쁘찌(무슬림 남성들이 쓰는 모자)

Laki-laki yang udah naik haji pakai peci. (회화체)
라끼라끼 양 우다 나익 하지 빠까이 쁘찌
성지 순례를 다녀온 남자들은 쁘찌를 씁니다.

tip. 쁘찌는 인도네시아, 말레이시아, 브루나이 등 동남아의 무슬림 남성들이 대부분 착용합니다.

□ masker 마스끄르 n. 마스크

□ helm 헬름 n. 헬멧

Waktu naik motor, kamu harus pakai masker dan helm.
왁뚜 나익 모또르, 까무 하루스 빠까이 마스끄르 단 헬름
너 오토바이를 탈 때 마스크와 헬멧을 꼭 써야 한단다.

□ kaos kaki 까오스 까끼 n. 양말

□ sepatu 스빠뚜 n. 신발

□ sepatu kulit 스빠뚜 꿀릿 가죽 구두

□ sepatu olahraga 스빠뚜 올라라가 운동화

Saya biasa pakai sepatu olahraga.
사야 비아사 빠까이 스빠뚜 올라라가
저는 주로 운동화를 신어요.

□ sepatu bot 스빠뚜 봇 장화

☐ sandal 산달 n. 슬리퍼
    ☐ sandal ruangan 산달 루앙안 실내화

☐ sandal jepit 산달 즈뻿 조리

☐ sepatu sandal 스빠뚜 산달 샌들

    Saya mau beli sepatu sandal yang ukurannya pas buat saya. (회화체)
    사야 마우 블리 스빠뚜 산달 양 우꾸란냐 빠스 부앗 사야
    제게 딱 맞는 샌들을 사고 싶어요.

☐ kacamata 까짜마따 n. 안경

☐ kacamata hitam 까짜마따 히땀 n. 선글라스
    = sunglass 선글라스

☐ tas 따스 n. 가방

☐ tas tangan 따스 땅안 n. 핸드백

☐ koper 꼬쁘르 n. 여행용 가방

☐ ransel 란셀 n. 배낭

☐ dompet 돔뻿 n. 지갑

    Saya kecopetan dompet di taman.
    사야 끄쪼뻬딴 돔뻿 디 따만
    공원에서 지갑을 소매치기 당했어요.

☐ kerah jas 끄라 자스 옷깃

☐ lengan baju 릉안 바주 소매
    ☐ baju lengan pendek 바주 릉안 뻰덱 반팔
    ☐ baju lengan panjang 바주 릉안 빤장 긴팔
    ☐ baju tanpa lengan 바주 딴빠 릉안 민소매

□ resleting 레슬레띵 n. 지퍼

□ permata 쁘르마따 n. 보석

□ aksesoris 악세소리스 n. 장신구, 액세서리

□ kalung 깔룽 n. 목걸이

□ anting 안띵 n. 귀걸이

□ gelang 글랑 n. 팔찌

□ cincin 찐찐 n. 반지

□ bros 브로스 n. 브로치

□ kantong 깐똥 n. 주머니

□ sutera 수뜨라 n. 실크

Batik ini terbuat dari sutera.
바띡 이니 뜨르부앗 다리 수뜨라
이 바띡은 실크로 만들었어요.

□ kulit 꿀릿 n. 가죽; 피부

Gimana caranya cuci jaket kulit? (비격식체)
기마나 짜라냐 쭈찌 자껫 꿀릿?
가죽 재킷은 어떻게 세탁하나요?

□ katun 까뚠 n. 면
　　□ kain kapas 까인 까빠스 면직물

□ wol 월 n. 양모
　　= bulu domba 불루 돔바

□ tetoron 떼또론 n. 합성섬유

□ motif 모띠프 n. 무늬

    □ motif belang 모띠프 블랑 줄무늬
    = motif garis-garis 모띠프 가리스가리스
    □ motif kotak-kotak 모띠프 꼬딱꼬딱 체크무늬
    □ motif bintik-bintik 모띠프 빈띡빈띡 물방울무늬

□ sulaman 술라만 n. 자수

□ mewah 메와 a. 화려한

□ cocok 쪼쪽 a. 어울리는, 적합한

11. 새 옷

꼭! 써먹는 **실전 회화**

Ayu   Aku mau beli baju baru untuk upacara pernikahan kakak perempuanku.
아꾸 마우 블리 바주 바루 운뚝 우빠짜라 쁘르니까한 까깍 쁘름뿌안꾸
언니 결혼식에서 입을 새 옷을 장만해야겠어.

Putri   Apa ada sesuatu yang kamu cari?
아빠 아다 스수아뚜 양 까무 짜리?
특별히 찾는 게 있어?

Ayu   Lagi cari baju terusan berwarna merah muda. (비격식체)
라기 짜리 바주 뜨루산 브르와르나 메라 무다
분홍색 원피스를 찾고 있어.

Putri   Gimana kalau kita pergi untuk cari? (비격식체)
기마나 깔라우 끼따 쁘르기 운뚝 짜리?
그럼 한번 보러 갈래?

141

음식 Makanan 마까난

□ **makanan** 마까난
  n. 음식

□ **makan** 마깐
  v. 식사하다, 먹다

□ **daging** 다깅
  n. 고기

□ **daging sapi** 다깅 사삐
  소고기

□ **daging babi** 다깅 바비
  돼지고기

□ **daging ayam**
  다깅 아얌 닭고기

□ **gorengan** 고렝안
  n. 튀김

□ **nasi** 나시 n. 밥
□ **beras** 브라스 n. 쌀

□ **nasi goreng** 나시 고렝
  볶음밥

□ **mie goreng** 미 고렝
  볶음면

□ **makanan laut**
  마까난 라웃
  n. 해산물

□ **cumi-cumi** 쭈미쭈미
  n. 오징어

□ **udang** 우당
  n. 새우

□ **kerang** 끄랑
  n. 조개

□ **ikan** 이깐
  n. 물고기; 생선

□ kacang 까짱
n. 콩

□ rumput laut 룸뿟 라웃
n. 해초; 미역

□ nori 노리
n. 김

□ sayur 사유르
n. 채소

□ bawang bombai
바왕 봄바이 n. 양파

□ bawang putih
바왕 뿌띠 n. 마늘

□ selada 슬라다
n. 상추

□ kol 꼴
n. 양배추

□ bayam 바얌
n. 시금치

□ cabai 짜바이
n. 고추

□ timun 띠문
n. 오이

□ terong 떼롱
n. 가지

□ taoge 따오게
n. 숙주

□ kangkung 깡꿍
n. 깡꿍(공심채,
시금치류의 채소)

□ ketumbar 끄뚬바르
n. 고수

143

□ jagung 자궁
n. 옥수수

□ wortel 워르뜰
n. 당근

□ lobak 로박
n. 무

□ kentang 끈땅
n. 감자

□ ubi 우비
n. 고구마

□ tomat 또맛
n. 토마토

□ buah 부아
n. 과일, 열매

□ apel 아뻴
n. 사과

□ pir 삐르
n. 배

□ stroberi 스뜨로베리
n. 딸기

□ jeruk 즈룩
n. 오렌지

□ jeruk nipis
즈룩 니삐스
n. 라임

□ buah anggur
부아 앙구르
n. 포도

□ buah persik
부아 뻐르식
n. 복숭아

□ pisang 삐상
n. 바나나

□ kelapa 끌라빠
　n. 코코넛

□ semangka 스망까
　n. 수박

□ salak 살락
　n. 살락

□ pepaya 쁘빠야
　n. 파파야

□ nanas 나나스
　n. 파인애플

□ durian 두리안
　n. 두리안

□ minuman 미누만
　n. 음료

□ air putih 아이르 뿌띠
　n. 생수, (깨끗한) 물

□ susu 수수
　n. 우유

□ garam 가람
　n. 소금

□ gula 굴라
　n. 설탕

□ lada 라다
　n. 후추

□ cuka 쭈까
　n. 식초

□ kecap asin 께짬 아신
　n. 간장

□ minyak 미냑
　n. 기름

□ makanan 마까난 n. 음식
    □ bahan makanan 바한 마까난 n. 식품

□ makan 마깐 v. 식사하다, 먹다

□ makan berlebihan 마깐 브를르비한 과식하다

□ mencernakan 믄쯔르나깐 v. 소화하다

□ daging 다깅 n. 고기
    □ daging sapi 다깅 사삐 소고기
    □ daging babi 다깅 바비 돼지고기
    □ daging ayam 다깅 아얌 닭고기
    □ daging kambing 다깅 깜빙 염소 고기

□ gorengan 고렝안 n. 튀김
    □ ayam goreng 아얌 고렝 닭튀김

    Ayam goreng di warung itu enak sekali.
    아얌 고렝 디 와룽 이뚜 에낙 스깔리
    저 가게의 닭튀김은 정말 맛있어요.

□ beras 브라스 n. 쌀

□ nasi 나시 n. 밥
    □ nasi goreng 나시 고렝 볶음밥

□ tepung 뜨뿡 n. 가루
    = serbuk 스르북
    □ tepung terigu 뜨뿡 뜨리구 밀가루

□ mie 미 n. 면
    □ mie goreng 미 고렝 볶음면
    □ mie rebus 미 르부스 (국물이 있는) 국수; 삶은 면

□ spageti 스빠게띠 n. 스파게티

☐ makanan laut 마까난 라웃 n. 해산물
    ☐ cumi-cumi 쭈미쭈미 n. 오징어
    ☐ udang 우당 n. 새우
    ☐ kerang 끄랑 n. 조개
    ☐ kepiting 끄삐띵 n. 게

☐ ikan 이깐 n. 물고기, 생선
    ☐ ikan salem 이깐 살렘 n. 연어
    ☐ ikan kembung 이깐 끔붕 n. 고등어
    ☐ tuna 뚜나 n. 참치

☐ kacang 까짱 n. 콩

Orang Indonesia rata-rata suka makan kacang.
오랑 인도네시아 라따라따 수까 마깐 까짱
인도네시아 사람들은 평균적으로 콩을 먹는 것을 좋아해요.

☐ rumput laut 룸뿟 라웃 n. 해초; 미역
    ☐ nori 노리 n. 김

☐ sayur 사유르 n. 채소
    ☐ sayur-sayuran 사유르사유란 n. 채소류

☐ bawang bombai 바왕 봄바이 n. 양파

Dia cuci sayur-sayuran lalu ngupas bawang bombai. (비격식체)
디아 쭈찌 사유르사유란 랄루 응우빠스 바왕 봄바이
그는 채소를 모두 씻고 양파 껍질을 벗겨요.

☐ bawang putih 바왕 뿌띠 n. 마늘

☐ selada 슬라다 n. 상추

☐ kol 꼴 n. 양배추

☐ bayam 바얌 n. 시금치

□ cabai 짜바이 n. 고추

□ paprika 빠쁘리까 n. 파프리카

□ timun 띠문 n. 오이

□ terong 떼롱 n. 가지

□ taoge 따오게 n. 숙주

□ kangkung 깡꿍 n. 깡꿍(공심채, 시금치류의 채소)

> Orang Indonesia sering makan nasi pakai kangkung.
> 오랑 인도네시아 스링 마깐 나시 빠까이 깡꿍
> 인도네시아인들은 자주 쌀밥에 깡꿍을 먹어요.

tip. kangkung은 인도네시아에서 재배되는 시금치류의 채소로, '공심채'라 불립니다.
비타민을 포함한 영양소가 풍부하며, 기름에 살짝 데쳐 약간 짜거나 매운 양념에 버무려서
쌀밥과 함께 먹는답니다.

□ ketumbar 끄뚬바르 n. 고수

□ jagung 자궁 n. 옥수수

□ wortel 워르뜰 n. 당근

□ lobak 로박 n. 무

□ kentang 끈땅 n. 감자

□ ubi 우비 n. 고구마

□ tomat 또맛 n. 토마토

□ buah 부아 n. 과일, 열매; 개(수량사)

□ buah tropis 부아 뜨로삐스 열대 과일

☐ apel 아쁠 n. 사과

☐ pir 삐르 n. 배

☐ stroberi 스뜨로베리 n. 딸기

☐ jeruk 즈룩 n. 오렌지

☐ jeruk nipis 즈룩 니삐스 n. 라임

☐ buah anggur 부아 앙구르 n. 포도

☐ buah persik 부아 쁘르식 n. 복숭아

☐ buah naga 부아 나가 n. 용과

☐ pisang 삐상 n. 바나나

☐ kelapa 끌라빠 n. 코코넛

> Kalau haus, paling bagus minum jus kelapa.
> 깔라우 하우스, 빨링 바구스 미눔 주스 끌라빠
> 갈증이 날 때에는 코코넛 주스가 최고예요.

☐ semangka 스망까 n. 수박

☐ timun suri 띠문 수리 n. 참외

☐ mangga 망가 n. 망고

☐ manggis 망기스 n. 망고스틴

☐ salak 살락 n. 살락

> **tip.** 살락은 일명 '뱀 과일(Snake Fruit)로 껍질이 마치 뱀 비늘과 같은 모양의 열대과일이에요.
> 새콤달콤한 맛에 아삭한 식감으로 인도네시아에서 인기 있는 과일입니다.

☐ alpukat 알뿌깟 n. 아보카도

□ pepaya 쁘빠야 n. 파파야

□ rambutan 람부딴 n. 람부탄

□ nanas 나나스 n. 파인애플

□ melon 멜론/멜롱 n. 멜론

□ nangka 낭까 n. 잭프루트

□ durian 두리안 n. 두리안

Durian disebut sebagai raja buah.
두리안 디스붓 스바가이 라자 부아
두리안은 과일의 왕이라고 불려요.

□ minuman 미누만 n. 음료

□ air putih 아이르 뿌띠 n. 생수, (깨끗한) 물

Minta segelas air putih!
민따 스글라스 아이르 뿌띠!
생수 한 잔 주세요!

□ botol 보똘 n. 병

□ gelas 글라스 n. (유리)잔

□ cangkir 짱끼르 n. 컵, 머그컵, 찻잔

□ susu 수수 n. 우유

□ teh 떼 n. 차

□ rempah 름빠 n. 향신료

□ bumbu 붐부 n. 양념

□ garam 가람 n. 소금

□ gula 굴라 n. 설탕

□ lada 라다 n. 후추

□ cuka 쭈까 n. 식초

□ kecap asin 께짬 아신 n. 간장
　　□ kecap manis 께짬 마니스 n. 인도네시아식 간장 ↘

tip. kecap manis는 달콤한 맛이 나는
인도네시아식 간장입니다.

□ minyak 미냑 n. 기름
　　□ minyak hewani 미냑 헤와니 동물성 기름
　　□ minyak nabati 미냑 나바띠 식물성 기름
　　= minyak sayur 미냑 사유르
　　□ minyak zaitun 미냑 자이뚠 올리브유
　　□ minyak goreng 미냑 고렝 튀김용 식용유

□ mayones 마요네스 n. 마요네즈
　　= mayonis 마요니스

□ moster 모스뜨르 n. 겨자, 머스터드

□ saos tomat 사오스 또맛 n. 토마토케첩

□ sambal 삼발 n. 삼발 소스 ↘

tip. sambal은 칠리소스와 같이 매콤한 맛이 나는
인도네시아의 전통 소스로, 거의 모든 음식을 요리할 때 사용해요.

□ selai 슬라이 n. 잼

□ mentega 믄뜨가 n. 버터

□ masak 마삭 v. 요리하다
　　□ resep masakan 르쎕 마사깐 n. 요리법

□ matang 마땅 a. 익은; 성숙한

□ mematangkan 므마땅깐 v. 익히다

□ mengupas 믕우빠스 v. 껍질을 벗기다

□ memotong 므모똥 v. 썰다, 자르다
   = mengiris 믕이리스

□ mencincang 믄찐짱 v. 다지다

□ mencampur 믄짬뿌르 v. 섞다

□ menuang 므누앙 v. 따르다, 붓다

□ memanaskan sebelumnya 므마나스깐 스블룸냐 v. 예열하다

□ membakar 믐바까르 v. 굽다; 태우다

□ menggoreng 믕고렝 v. 볶다; 튀기다

□ mendidih 믄디디 v. 끓이다

   Kuah harus dididihkan lagi kira-kira 10 menit.
   꾸아 하루스 디디디깐 라기 끼라끼라 스뿔루 므닛
   국을 10분 정도 더 끓여야 해요.

□ merebus 므르부스 v. 삶다; 끓이다

□ masak setengah matang 마삭 스뜽아 마땅 데치다

□ mendinginkan 믄딩인깐 v. 냉동하다

□ mencairkan 믄짜이르깐 v. 녹이다, 해동하다

□ pisau 삐사우 n. 칼

□ papan dapur 빠빤 다뿌르 n. 도마
   = papan potong 빠빤 뽀똥
   = talenan 딸르난

□ sendok sayur 센독 사유르 n. 국자

□ panci masak 빤찌 마삭 n. 냄비

□ wajan 와잔 n. 프라이팬(튀김용), 웍(중국냄비)
  □ teflon 떼플론 n. 프라이팬(일반용, 제품명)

□ alat-alat makan minum 알랏알랏 마깐 미눔 n. 식기

□ mangkuk 망꾹 n. 그릇

□ piring 삐링 n. 접시

□ sendok 센독 n. 숟가락
  □ sumpit 숨삣 n. 젓가락

□ nampan 남빤 n. 쟁반

12. 저녁 메뉴

꼭! 써먹는 **실전 회화**

Bayu	Nanti malam kita makan apa ya?
	난띠 말람 끼따 마깐 아빠 야?
	오늘 저녁에 뭐 먹을까?

Nining	Mau pesan martabak?
	마우 쁘산 마르따박?
	마르따박 시킬까?

tip. 마르따박 빵(martabak 마르따박)은 인도네시아 사람들이 즐겨 먹는 빵입니다.

Bayu	Nggak mau. Nggak ada makanan di kulkas? (비격식체)
	응각 마우. 응각 아다 마까난 디 꿀까스?
	아니. 냉장고에는 뭐 먹을 거 없어?

Nining	Ada ikan. Mau dibakar?
	아다 이깐. 마우 디바까르?
	생선 있어. 그거 구울까?

취미 Hobi 호비

□ hobi 호비
n. 취미

□ olahraga 올라라가
n. 운동; 체육

□ gym 짐
n. 체육관, 체육실

□ lari 라리
v. 달리다

□ renang 르낭
n. 수영

□ bola basket 볼라 바스껫
= bola keranjang
볼라 끄란장
n. 농구

□ voli 폴리
n. 배구

□ sepak bola 세빡 볼라
n. 축구

□ baseball 베이스볼
n. 야구

□ tenis 떼니스
n. 테니스

□ tenis meja
떼니스 메자
n. 탁구

□ bulu tangkis
불루 땅끼스
n. 배드민턴

□ sepak takraw
세빡 따끄라우
n. 세팍타크로

□ golf 골프
n. 골프

□ ski 스끼
n. 스키

□ musik 무식
n. 음악

□ dengar 등아르
v. 듣다

□ lagu 라구 n. 노래
□ nyanyi 냐늬 v. 노래하다

□ penyanyi 쁘냐늬
n. 가수

□ alat musik 알랏 무식
n. 악기

□ main 마인
v. 연주하다

□ piano 삐아노
n. 피아노

□ biola 비올라
n. 바이올린

□ selo 셀로
n. 첼로

□ suling 술링
n. 플루트

□ gitar 기따르
n. 기타

□ drum 드룸 n. 드럼
□ gendang 근당 n. 북

□ konser 꼰세르
n. 콘서트

□ opera 오뻬라
n. 오페라

□ drama musik
드라마 무식 n. 뮤지컬

155

□ **lakon** 라꼰
  n. 연극

□ **klub** 끌룹
  n. 클럽

□ **sinetron** 시네뜨론
  n. 드라마

□ **film** 필름
  n. 영화

□ **menonton film**
  므논똔 필름
  v. 영화를 보다

□ **bioskop** 비오스꼽
  n. 영화관

□ **pemain film**
  쁘마인 필름
= **bintang film**
  빈땅 필름
  n. 배우

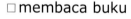

□ **buku** 부꾸
  n. 책

□ **membaca** 믐바짜
  v. 읽다

□ **membaca buku**
  믐바짜 부꾸
  v. 독서하다

□ **toko buku** 또꼬 부꾸
  n. 서점

□ **tulis** 뚤리스
= **mengarang** 믕아랑
  v. (글을) 쓰다

□ **novel** 노펠
  n. 소설

□ **puisi** 뿌이시
  n. 시

□ **esai** 에사이
  n. 수필

□ **majalah** 마잘라
  n. 잡지

□ **komik** 꼬믹
  n. 만화

□ foto 포또
　n. 사진

□ kamera 까메라
　n. 카메라

□ merekam 므르깜
　v. 촬영하다

□ mengambil foto
　믕암빌 포또
= mengambil gambar
　믕암빌 감바르
= memotret 므모뜨렛
　v. 사진을 찍다

□ menggambar
　믕감바르
= melukis 믈루끼스
　v. 그림을 그리다

□ gambaran 감바란
= lukisan 루끼산
　n. 그림, 묘사

□ pelukis 쁠루끼스
　n. 화가

□ cat pewarna 짯 쁘와르나
　n. 물감

□ pena celup 뻬나 쯜룹
　n. 붓

□ kertas 끄르따스
　n. 종이

□ kanvas 깐파스
　n. 캔버스

□ game 게임
　n. 게임

□ naik gunung 나익 구눙
　v. 등산하다

□ jalan-jalan 잘란잘란
　v. 산책하다; 여행하다

□ berkemah 브르끄마
　v. 캠핑하다

□ mancing 만찡
　v. 낚시하다

□ mengumpul 믕움뿔
　n. 수집 v. 수집하다

157

□ hobi 호비 n. 취미

    Apa hobi Anda?
    아빠 호비 안다?
    당신은 취미가 뭐예요?

□ istirahat 이스띠라핫 v. 휴식을 취하다

□ waktu luang 왁뚜 루앙 n. 여가 시간

□ menghibur 믕히부르 v. 휴양하다; 위로하다, 위안하다; 기분 좋게 하다

□ olahraga 올라라가 n. 운동; 체육

□ berolahraga 브르올라라가 v. 운동하다

□ pertandingan 쁘르딴딩안 n. 경기

□ bertanding 브르딴딩 v. 시합하다

□ lari 라리 v. 달리다
    □ lari pagi 라리 빠기 n. 아침 조깅 v. 아침 조깅을 하다
    □ jogging 조깅 v. 조깅하다

    Pak Teguh setiap hari lari pagi.
    빡 뜨구 스띠압 하리 라리 빠기
    뜨구 씨는 매일 아침 조깅을 해요.

□ gym 짐 n. 체육관, 체육실

□ pusat kebugaran 뿌삿 끄부가란 n. 헬스장

□ renang 르낭 n. 수영
    □ kolam renang 꼴람 르낭 n. 수영장
    □ berenang 브르낭 v. 수영하다

□ bola 볼라 n. 공

□ bola basket 볼라 바스껫 n. 농구
   = bola keranjang 볼라 끄란장

□ voli 폴리 n. 배구

□ sepak bola 세빡 볼라 n. 축구

□ baseball 베이스볼 n. 야구

□ raket 라껫 n. 라켓

□ tenis 떼니스 n. 테니스

□ tenis meja 떼니스 메자 n. 탁구

□ bulu tangkis 불루 땅끼스 n. 배드민턴

   Ayah saya tergila-gila bermain bulu tangkis.
   아야 사야 뜨르길라길라 브르마인 불루 땅끼스
   아빠는 배드민턴에 푹 빠졌어요.

□ sepak takraw 세빡 따끄라우 n. 세팍타크로

   tip. 세팍타크로는 대나무 또는 등나무로 만든 공을 발로 차는 놀이에서 기원하여, 1990년 이후
       아시안게임 정식 종목으로 채택되어 세 명이 한 팀을 이루는 운동경기로 발전했어요.

□ golf 골프 n. 골프

□ balap sepeda 발랍 스뻬다 n. 자전거 경기

□ tinju 띤주 n. 권투
   □ bertinju 브르띤주 v. 권투하다

□ menunggang kuda 므눙강 꾸다 n. 승마 v. 승마하다

□ ski 스끼 n. 스키
   □ main ski 마인 스끼 v. 스키를 타다

□ seluncur 슬룬쭈르 n. 스케이트
= skate 스케잇

Kamu mau main skate sama aku? (비격식체)
까무 마우 마인 스케잇 사마 아꾸?
나랑 스케이트 타러 갈래?

□ gelanggang es 글랑강 에스 n. 아이스링크
= sky rink 스까이 링

□ sepatu roda 스빠뚜 로다 n. 롤러스케이트, 인라인스케이트

□ musik 무식 n. 음악

□ dengar 등아르 v. 듣다

□ lagu 라구 n. 노래

□ nyanyi 냐늬 v. 노래하다

□ penyanyi 쁘냐늬 n. 가수

Siapa penyanyi yang Anda sukai?
시아빠 쁘냐늬 양 안다 수까이?
좋아하는 가수는 누구인가요?

□ pencipta lirik 쁜찝따 리릭 n. 작사가
□ menciptakan lirik 믄찝따깐 리릭 v. 작사하다

□ pencipta lagu 쁜찝따 라구 n. 작곡가
□ menciptakan lagu 믄찝따깐 라구 v. 작곡하다

□ melodi 멜로디 n. 멜로디

□ rekaman 르까만 n. 음반

□ genre 겐르 n. 장르

☐ **alat musik** 알랏 무식 n. 악기 ↱ **tip.** 인도네시아 전통 타악기로 'Gamelan 가믈란'이
있습니다.

☐ **main** 마인 v. 연주하다

Rudy bisa main alat musik apa?
루디 비사 마인 알랏 무식 아빠?
루디는 어떤 악기를 연주할 수 있어요?

☐ **piano** 삐아노 n. 피아노

☐ **biola** 비올라 n. 바이올린

☐ **selo** 셀로 n. 첼로

☐ **suling** 술링 n. 플루트

☐ **harpa** 하르빠 n. 하프

☐ **gitar** 기따르 n. 기타

☐ **drum** 드룸 n. 드럼

☐ **gendang** 근당 n. 북

☐ **konser** 꼰세르 n. 콘서트

Minggu depan saya pergi nonton konser K-Pop. (회화체)
밍구 드빤 사야 쁘르기 논똔 꼰세르 께이뽑
다음 주에 케이팝 콘서트에 가요.

☐ **orkestra** 오르께스뜨라 n. 오케스트라

☐ **opera** 오뻬라 n. 오페라

☐ **drama musik** 드라마 무식 n. 뮤지컬

☐ **lakon** 라꼰 n. 연극

□ klub 끌룹 n. 클럽
= Dugem 두금 (클럽과 같이 음주가무를 즐기는 장소, 은어)

□ sinetron 시네뜨론 n. 드라마

□ film 필름 n. 영화

□ pemain film 쁘마인 필름 n. 배우
= bintang film 빈땅 필름
□ aktor 악또르 n. 남자배우
□ aktris 악뜨리스 n. 여자배우
□ tokoh utama 또꼬 우따마 주인공
□ orang figuran 오랑 피구란 엑스트라

□ menonton film 므논똔 필름 v. 영화를 보다
□ film laga 필름 라가 액션 영화
□ film kartun 필름 까르뚠 만화 영화
□ film hiburan 필름 히부란 오락 영화
□ film horor 필름 호로르 공포 영화
□ film fiksi ilmiah 필름 픽시 일미아 공상 과학 영화, SF
= film SF 필름 에스에프
□ dokumenter 도꾸멘뗴르 n. 다큐멘터리

□ bioskop 비오스꼽 n. 영화관

□ sutradara 수뜨라다라 n. 영화감독

□ buku 부꾸 n. 책

□ membaca 믐바짜 v. 읽다
□ membaca buku 믐바짜 부꾸 v. 독서하다

Biasanya saya membaca 2 buku setiap bulan.
비아사냐 사야 믐바짜 두아 부꾸 스띠압 불란
보통 한 달에 두 권 독서를 해요.

162

□ toko buku 또꼬 부꾸 n. 서점

□ tulis 뚤리스 v. (글을) 쓰다
  = mengarang 믕아랑

□ novel 노펠 n. 소설

□ puisi 뿌이시 n. 시

□ esai 에사이 n. 수필

□ majalah 마잘라 n. 잡지

□ komik 꼬믹 n. 만화

□ penulis 쁘눌리스 n. 작가
  = pengarang 쁭아랑
  □ novelis 노펠리스 n. 소설가
  □ penyair 쁘냐이르 n. 시인
  □ penulis esai 쁘눌리스 에사이 n. 수필가

  Cita-cita Ricky waktu kecil adalah jadi penulis. (회화체)
  찌따찌따 리키 왁뚜 끄찔 아달라 자디 쁘눌리스
  리키의 어릴 적 꿈은 작가였어요.

□ foto 포또 n. 사진

□ kamera 까메라 n. 카메라

□ merekam 므르깜 v. 촬영하다

□ mengambil foto 믕암빌 포또 v. 사진을 찍다
  = mengambil gambar 믕암빌 감바르
  = memotret 므모뜨렛

□ menggambar 믕감바르 v. 그림을 그리다
   = melukis 믈루끼스

□ gambaran 감바란 n. 그림, 묘사
   = lukisan 루끼산

□ pelukis 쁠루끼스 n. 화가

   Meski nggak pintar melukis, saya pelukis amatir. (비격식체)
   므스끼 응각 삔따르 믈루끼스, 사야 쁠루끼스 아마띠르
   잘 그리진 못하지만 저는 아마추어 화가예요.

□ warna 와르나 n. 색

□ cat pewarna 짯 쁘와르나 n. 물감

□ pena celup 뻬나 쯀룹 n. 붓

□ kertas 끄르따스 n. 종이

□ kanvas 깐파스 n. 캔버스

□ game 게임 n. 게임

□ catur 짜뚜르 n. 체스

□ dadu 다두 n. 주사위

□ naik gunung 나익 구눙 v. 등산하다
   □ mendaki gunung 믄다끼 구눙 v. 등반하다

□ jalan-jalan 잘란잘란 v. 산책하다; 여행하다

   Saya suka jalan-jalan pagi di taman.
   사야 수까 잘란잘란 빠기 디 따만
   저는 아침에 공원 산책하는 것을 좋아해요.

□ berkemah 브르끄마 v. 캠핑하다

□ mancing 만찡 v. 낚시하다

□ tukang kayu 뚜깡 까유 n. 목공; 목수

□ gubahan 구바한 n. 꽃꽂이

□ berkebun 브르끄분 v. 정원을 가꾸다

□ mengumpul 믕움뿔 n. 수집 v. 수집하다
    = mengoleksi 믕올렉시

□ merajut 므라줏 v. 뜨개질하다

13. 기타

꼭! 써먹는 **실전 회화**

Lily Kalau ada waktu luang, kamu biasa ngapain? (비격식체)
깔라우 아다 왁뚜 루앙, 까무 비아사 응아빠인?
넌 여가 시간에 보통 뭐 해?

Susi Aku biasa main gitar.
아꾸 비아사 마인 기따르
난 기타를 쳐.

Lily Keren! Bisa memainkan satu lagu dengan gitar?
끄렌! 비사 므마인깐 사뚜 라구 등안 기따르?
멋지다! 한 곡 연주해 줄 수 있어?

Susi Sebenarnya, aku baru mulai belajar.
Hanya bisa main dikit. (회화체)
스브나르냐, 아꾸 바루 물라이 블라자르. 하냐 비사 마인 디낏
사실, 나 최근에 배우기 시작했어. 겨우 연주만 할 줄 알아.

전화 & 인터넷 Telepon & Internet 뗄레뽄 단 인뜨르넷

□ telepon 뗄레뽄
   n. 전화

□ HP 하뻬
= telepon genggam
   뗄로뽄 긍감
   n. 휴대 전화

□ ponsel pintar
   뽄셀 삔따르
= smart phone 스맛 뽄
   n. 스마트폰

□ menelepon 므넬레뽄
   v. 전화를 걸다

□ angkat telepon
   앙깟 뗄레뽄
   전화를 받다

□ tutup telepon
   뚜뚭 뗄레뽄
   전화를 끊다

□ nomor telepon
   노모르 뗄레뽄
   n. 전화번호

□ pesan 쁘산 n. 메시지
□ SMS 에스엠에스
   n. 문자 메시지

□ kirim SMS
   끼림 에스엠에스
= kirim pesan 끼림 쁘산
   메시지를 보내다

□ bunyi dering bel
   부늬 드링 벨
   벨소리

□ baterai 바뜨라이
   n. 배터리, 건전지
□ habis baterai
   하비스 바뜨라이 방전되다

□ mengecas 믕으짜스
   v. 충전하다

☐ **mengaktifkan** 믕악띠프깐
= **menghidupkan** 믕히둡깐
= **menyalakan** 므냘라깐
  v. 켜다

☐ **mematikan**
  므마띠깐
  v. 끄다

☐ **video call**
  뷔데오 콜
  영상 통화

☐ **Wi-Fi** 와이파이
  n. 와이파이, 무선 네트워크

☐ **internet** 인뜨르넷
  n. 인터넷

☐ **aplikasi** 아쁠리까시
  n. 애플리케이션, 앱

☐ **network** 넷웖
= **jaringan** 자링안
  n. 네트워크

☐ **log-in** 로긴
  n. 로그인 v. 로그인하다

☐ **log-out** 록아웃
  n. 로그아웃
  v. 로그아웃하다

☐ **e-mail** 이메일
  n. 이메일

☐ **online game** 온라인 게임
  온라인 게임

☐ **online shopping**
  온라인 쇼삥
  온라인 쇼핑

☐ **mengunduh** 믕운두
= **download** 다운롯
  v. 다운로드하다

167

□ komputer 꼼뿌뜨르
　　n. 컴퓨터

□ komputer tablet 꼼뿌뜨르 따블렛
　　n. 태블릿 PC

□ laptop 랩똡
　　n. 노트북 컴퓨터

□ monitor 모니또르
　　n. 모니터, 화면

□ papan ketik 빠빤 끄띡
= keyboard 끼봇
　　n. 키보드, 자판

□ mengetik 믕으띡
　　v. (키보드를) 두드리다, 치다

□ mengklik 믕끌릭
　　v. 클릭하다

□ tetikus 뜨띠꾸스
= mouse 마우스
　　n. 마우스

□ diska keras 디스까 끄라스
　　n. 하드디스크

□ program 쁘로그람
　　n. 프로그램

168

□ **printer** 쁘린뜨르
n. 프린터

□ **folder** 폴드르
n. 폴더

□ **file** 파일
n. 파일

□ **simpan** 심빤
v. 저장하다

□ **hapus** 하뿌스
v. 지우다, 삭제하다

□ **blokir** 블로끼르
v. 차단하다

□ **keamanan** 끄아마난
n. 보안

□ **virus** 퓌루스
n. (컴퓨터) 바이러스

□ **hacking** 해낑
n. 해킹

□ **jejaring sosial**
즈자링 소시알
= **sosmed** 소스멛
n. 소셜 네트워크, SNS

□ **blog** 블록
n. 블로그

☐ telepon 뗄레뽄 n. 전화

☐ HP 하뻬 n. 휴대 전화 •————→ **tip.** 핸드폰(handphone)의 약자를
   = telepon genggam 뗄로뽄 긍감   인도네시아 알파벳으로 발음하였습니다.

☐ ponsel pintar 뽄셀 삔따르 n. 스마트폰 •↘
   = smart phone 스맛 뽄   **tip.** 인도네시아는 스마트폰을 비롯한 각종
                              스마트기기류 활용과 소비가 매우 활발합니다.

☐ menelepon 므넬레뽄 v. 전화를 걸다

☐ tutup telepon 뚜뚭 뗄레뽄 전화를 끊다

☐ angkat telepon 앙깟 뗄레뽄 전화를 받다
      ☐ terputus 뜨르뿌뚜스 v. (전화가) 끊어지다

      Terputus waktu lagi bicara. (비격식체)
      뜨르뿌뚜스 왁뚜 라기 비짜라
      이야기 도중에 전화가 끊어졌어요.

☐ nomor telepon 노모르 뗄레뽄 n. 전화번호

☐ pesan 쁘산 n. 메시지; 예약; 주문 v. 예약하다; 주문하다
      ☐ SMS 에스엠에스 문자 메시지

      Mau meninggalkan pesan?
      마우 므닝갈깐 쁘산?
      메시지를 남기시겠어요?

☐ kirim 끼림 v. 보내다
      ☐ kirim SMS 끼림 에스엠에스 문자 메시지를 보내다
      = kirim pesan 끼림 쁘산

☐ bunyi dering bel 부늬 드링 벨 벨소리 ↗ **tip.** 'bunyi 부늬'는 '소리'라는 단어입니다.

☐ baterai 바뜨라이 n. 배터리 건전지
      ☐ habis baterai 하비스 바뜨라이 방전되다

□ mengecas 믕으짜스 v. 충전하다

□ mengaktifkan 믕악띠프깐 v. 켜다
= menghidupkan 믕히둡깐
= menyalakan 므냘라깐

□ mematikan 므마띠깐 v. 끄다

□ video call 퓌데오 콜 영상 통화

□ Wi-Fi 와이퐈이 n. 와이파이, 무선 네트워크

□ internet 인뜨르넷 n. 인터넷

□ aplikasi 아쁠리까시 n. 애플리케이션, 앱(APP)

□ network 넷웍 n. 네트워크
= jaringan 자링안

□ sinyal 시냘 n. 신호

Ada masalah sinyal jadi sekarang nggak bisa pakai internet. (비격식체)
아다 마살라 시냘 자디 스까랑 응각 비사 빠까이 인뜨르넷
네트워크 신호 문제로 지금 인터넷을 쓸 수 없어요.

□ log-in 로긴 n. 로그인 v. 로그인하다

□ log-out 록아웃 n. 로그아웃 v. 로그아웃하다

□ e-mail 이메일 n. 이메일

Cerita yang detail-detailnya akan disampaikan lewat e-mail.
쯔리따 양 드따일드따일냐 아깐 디삼빠이깐 레왓 이메일
자세한 이야기는 이메일로 전달할게요.

□ e-mail sampah 이메일 삼빠 n. 스팸 메일

□ online 온라인 n. 온라인
    □ online game 온라인 게임 온라인 게임
    □ online shopping 온라인 쇼삥 온라인 쇼핑

Saya sering belanja online shopping.
사야 스링 블란자 온라인 쇼삥
전 온라인 쇼핑을 자주 해요.

□ akun 아꾼 n. 계정

□ mengakses 믕악세스 v. 접속하다

□ mendaftar 믄다프따르 v. 가입하다; 등록하다, 접수하다

□ membuka website 믐부까 웹싸잇 웹사이트를 열다

□ mengunduh 믕운두 v. 다운로드하다
    = download 다운롯

Saya udah mengunduh Window versi terbaru.
사야 우다 믕운두 윈도우 프르시 뜨르바루
윈도우 최신 버전을 다운로드했어요.

□ komputer 꼼뿌뜨르 n. 컴퓨터

□ komputer tablet 꼼뿌뜨르 따블렛 n. 태블릿 PC

□ laptop 랩똡 n. 노트북 컴퓨터

□ monitor 모니또르 n. 모니터, 화면

Kalau melihat monitor dalam waktu yang lama, mata cepat lelah.
깔라우 리핫 모니또르 달람 왁뚜 양 라마, 마따 쯔빳 를라
모니터를 오랫동안 보고 있으면 눈이 빨리 피로해져요.

□ papan ketik 빠빤 끄띡 n. 키보드, 자판
    = keyboard 끼봇

□ **mengetik** 믕으띡 v. (키보드를) 두드리다, 치다

Dia sepanjang hari mengetik doang.
디아 스빤장 하리 믕으띡 도앙
그는 하루 종일 키보드만 두드리고 있어요.

□ **memasukkan data** 므마숙깐 다따 v. 입력하다

□ **mencetak** 믄쯔딱 v. 인쇄하다

□ **mengklik** 믕끌릭 v. 클릭하다

□ **tetikus** 뜨띠꾸스 n. 마우스
= **mouse** 마우스

Saya udah ganti ke mouse nirkabel. (비격식체)
사야 우다 간띠 끄 마우스 니르까블
무선 마우스로 바꿨어요.

□ **alas tetikus** 알라스 뜨띠꾸스 n. 마우스패드
= **alas mouse** 알라스 마우스

□ **diska keras** 디스까 끄라스 n. 하드디스크

□ **program** 쁘로그람 n. 프로그램

□ **install** 인스똘 v. 설치하다
= **memasang** 므마상

Perlu apa untuk install program ini?
쁘를루 아빠 운뚝 인스똘 쁘로그람 이니?
이 프로그램을 설치하려면 뭐가 필요하죠?

□ **printer** 쁘린뜨르 n. 프린터

□ **mesin pemindai** 므신 쁘민다이 n. 스캐너

□ **webcam** 웹껨 n. 웹캠

□ **flash disk** 쁠래스 디스 n. 이동식 메모리(USB)

= **USB** 유에스비 ⟶ **tip.** USB는 인도네시아어 발음으로 '우에스베'가 정확하지만,
외래어는 그 고유발음 '유에스비'로 현지인들이 읽습니다.

□ **harddisk external** 하르디스끄 엑스트르날 n. 외장하드

□ **layartama** 라야르따마 n. 바탕화면

= **layar desktop** 라야르 데스끄톱

□ **folder** 폴드르 n. 폴더

Saya udah simpan file dalam folder di layar desktop.
사야 우다 심빤 파일 달람 폴드르 디 라야르 데스끄톱
바탕화면에 있는 폴더에 파일을 저장했어요.

□ **file** 파일 n. 파일

□ **simpan** 심빤 v. 저장하다

□ **hapus** 하뿌스 v. 지우다, 삭제하다

Hapus aja program yang nggak perlu. (비격식체)
하뿌스 아자 쁘로그람 양 응각 쁘를루
쓸모없는 프로그램은 삭제하세요.

□ **blokir** 블로끼르 v. 차단하다

□ **keamanan** 끄아마난 n. 보안

□ **virus** 퓌루스 n. (컴퓨터) 바이러스

Kayaknya komputer saya kena virus. (비격식체)
까약냐 꼼뿌뜨르 사야 끄나 퓌루스
제 컴퓨터가 바이러스에 감염된 것 같아요.

□ **hacking** 해낑 n. 해킹

□ **jejaring sosial** 즈자링 소시알 n. 소셜 네트워크, SNS

= **sosmed** 소스멧

Saya pikir main sosmed cuma buang-buang waktu.
사야 삐끼르 마인 소스멧 쭈마 부앙부앙 왁뚜
전 SNS가 시간 낭비라고 생각해요.

☐ blog 블록 n. 블로그

☐ praktis 쁘락띠스 a. 실용적인; 편리한

☐ berguna 브르구나 a. 유용한

Smart phone sangat berguna untuk mencari informasi yang belum diketahui.
스맛 뽄 상앗 브르구나 운뚝 믄짜리 인포르마시 양 블름 디끄따후이
스마트폰은 모르는 정보를 찾을 때 정말 유용해요.

14. 이메일

꼭! 써먹는 **실전 회화**

Kim   Apa udah dicek e-mail yang saya kirim?
아빠 우다 디쩩 이메일 양 사야 끼림?
제가 보낸 이메일 확인했어요?

Saiful   Belum. Saya belum sempat membacanya.
블룸. 사야 블름 슴빡 믐바짜냐
아뇨. 아직 읽을 틈이 없었어요.

Kim   Kalau udah dicek, tolong dibalas ke pembeli ya.
깔라우 우다 디쩩, 똘롱 디발라스 끄 쁨블리 야
메일 확인하면, 구매자에게 답장 부탁해요.

연습 문제

다음 단어를 읽고 맞는 뜻과 연결하세요.

1. film •	• 가구
2. hobi •	• 노래
3. internet •	• 신발
4. lagu •	• 영화
5. makanan •	• 옷
6. musik •	• 운동; 체육
7. olahraga •	• 음식
8. pakaian •	• 음악
9. perabot •	• 인터넷
10. rumah •	• 전화
11. sepatu •	• 집, 주택
12. telepon •	• 취미

1. film – 영화 2. hobi – 취미 3. internet – 인터넷 4. lagu – 노래
5. makanan – 음식 6. musik – 음악 7. olahraga – 운동; 체육 8. pakaian – 옷
9. perabot – 가구 10. rumah – 집, 주택 11. sepatu – 신발 12. telepon – 전화

Bab 5

장소

학교 Sekolah 스꼴라

□ **sekolah** 스꼴라
  n. 학교

□ **TK** 떼까
= **Taman Kanak-kanak** 따만 까낙까낙
  n. 유치원

□ **SD** 에스데
= **Sekolah Dasar** 스꼴라 다사르
  n. 초등학교

□ **SMP** 에스엠페
= **Sekolah Menengah Pertama**
  스꼴라 므능아 쁘르따마
  n. 중학교

□ **SMA** 에스엠아
= **Sekolah Menengah Atas**
  스꼴라 므능아 아따스
  n. 고등학교

□ **universitas** 우니프르시따스
= **perguruan tinggi** 쁘르구루안 띵기
= **kampus** 깜뿌스
  n. 대학교

□ **murid** 무릿
= **pelajar** 쁠라자르
= **siswa** 시스와 (고등학교 이하)
  n. 학생

□ **guru** 구루
  n. 선생님(고등학교 이하)

□ **dosen** 도센
  n. 교수(전문대학 이상)

□ masuk sekolah 마숙 스꼴라
   v. 등교하다; 입학하다(고등학교 이하)

□ lulus 룰루스
   v. 합격하다; 통과하다; 졸업하다

□ pergi ke sekolah 쁘르기 끄 스꼴라
   v. 등교하다(고등학교 이하)

□ pulang sekolah 뿔랑 스꼴라
   v. 하교하다(고등학교 이하)

□ terlambat 뜨를람밧
   v. 지각하다, 늦다 a. 늦은

□ pulang lebih cepat 뿔랑 르비 쯔빳
   v. 조퇴하다

□ kelas 끌라스
   n. 수업

□ ruang kelas 루앙 끌라스
   n. 교실

□ mengajar 등아자르
   v. 가르치다

□ belajar 블라자르
   v. 배우다, 공부하다

179

☐ **pertanyaan** 쁘르따냐안
　　n. 질문

☐ **jawaban** 자와반
　　n. 대답

☐ **menghitung** 믕히뚱 v. 계산하다
☐ **kalkulator** 깔꿀라또르 n. 계산기

☐ **papan tulis** 빠빤 뚤리스 n. 칠판
☐ **kapur tulis** 까뿌르 뚤리스 n. 분필

☐ **buku** 부꾸
　　n. 책

☐ **baca buku** 바짜 부꾸
　　v. 책을 읽다

☐ **catat** 짜땃
　　v. 필기하다, 메모하다

☐ **buku catatan** 부꾸 짜따딴
　　n. 공책

☐ **pensil** 뻰실 n. 연필
☐ **pena** 뻬나 n. 펜

☐ **penghapus** 뻥하뿌스 n. 지우개
☐ **karet** 까렛 n. 고무, 지우개

180

□ PR 뻬에르
= Pekerjaan Rumah 쁘끄르자안 루마
  n. 숙제

□ tugas 뚜가스
  n. 숙제; 일, 임무

□ laporan 라뽀란
  n. 보고서, 리포트

□ melaporkan 믈라뽀르깐
  v. 제출하다

□ tes 떼스 n. 테스트

□ ikut tes 이꿋 떼스
  v. 테스트를 보다

□ ujian 우지안 n. 시험

□ ikut ujian 이꿋 우지안
  v. 시험을 보다

□ menilai 므닐라이 v. 평가하다

□ daftar nilai 다프따르 닐라이
= daftar skor 다프따르 스꼬르
  n. 성적표

□ mudah 무다
  a. 쉬운

□ sulit 술릿
= sukar 수까르
= susah 수사
  a. 어려운

□ liburan 리부란
  n. 연휴; 방학

□ gelar 글라르
  n. 학위

□ sekolah 스꼴라 n. 학교

□ SD 에스데 n. 초등학교
   = Sekolah Dasar 스꼴라 다사르

□ SMP 에스엠페 n. 중학교
   = Sekolah Menengah Pertama 스꼴라 므능아 쁘르따마

□ SMA 에스엠아 n. 고등학교
   = Sekolah Menengah Atas 스꼴라 므능아 아따스

□ SMK 에스엠까 n. 직업 학교
   = Sekolah Menengah Kejuruan 스꼴라 므능아 끄주루안

□ sekolah internasional 스꼴라 인뜨르나시오날 국제 학교

□ TK 떼까 n. 유치원
   = Taman Kanak-kanak 따만 까낙까낙 **tip.** 'kanak-kanak 까낙까낙'은
                                        5~7세 '유아'입니다.

□ murid 무릿 n. 학생
   = pelajar 쁠라자르
   = siswa 시스와 (고등학교 이하)
   □ anak SD 아낙 에스데 초등학생
   □ anak SMP 아낙 에스엠뻬 중학생
   □ anak SMA 아낙 에스엠아 고등학생

   Adik saya anak SD.
   아딕 사야 아낙 에스데
   제 동생은 초등학생입니다.

□ akademi 아까데미 n. 전문대학

□ universitas 우니프르시따스 n. 대학교
   = perguruan tinggi 쁘르구루안 띵기
   = kampus 깜뿌스

□ mahasiswa 마하시스와 n. 대학생
  □ S1 에스사뚜 대학교 과정(학사)
  = program sarjana 쁘로그람 사르자나
  □ S2 에스두아 대학원 과정(석사)
  = program magister 쁘로그람 마기스뜨르
  □ S3 에스띠가 대학원 과정(박사)
  = program doktor 쁘로그람 독또르

> tip. 여기서 'S'는 'strata 스뜨라따 (단계, 계층)'로 인도네시아에서는 이 단어로 대학교와 대학원 과정을 구분해요.

  Saya lagi S2.
  사야 라기 에스두아
  저는 지금 석사 과정을 밟고 있습니다.

□ guru 구루 n. 선생님(고등학교 이하)
  □ pak guru 빡 구루 남교사
  □ ibu guru 이부 구루 여교사
  = pengajar 쁭아자르

□ dosen 도센 n. 교수(전문대학 이상)
  □ pak dosen 빡 도센 남교수
  □ ibu dosen 이부 도센 여교수
  □ asisten dosen 아시스뗀 도센 n. 조교

  Saya sudah memberi laporan kepada asisten dosen.
  사야 수다 믐브리 라뽀란 끄빠다 아시스뗀 도센
  저는 조교에게 과제를 제출했어요.

□ teman sekelas 뜨만 스끌라스 n. 급우
  □ teman sekolah 뜨만 스꼴라 동창(고등학교 이하)
  □ teman kuliah 뜨만 꿀리아 동창(전문대학 이상)
  □ alumni 알룸니 n. 동문

□ senior 세니오르 n. 선배
  = kakak kelas 까깍 끌라스

□ junior 주니오르 n. 후배
  = adik kelas 아딕 끌라스

□ lulus 룰루스 v. 합격하다; 통과하다; 졸업하다

Saya lulus ujian masuk UI (Universitas Indonesia).
사야 룰루스 우지안 마숙 우이(우니프르시따스 인도네시아)
저는 인도네시아대학교 입학시험에 합격했어요.

□ tidak lulus 띠닥 룰루스 v. 불합격하다
  □ gagal 가갈 v. 불합격하다; 실패하다

□ masuk sekolah 마숙 스꼴라 v. 등교하다; 입학하다(고등학교 이하)
  □ masuk universitas 마숙 우니프르시따스 v. 등교하다; 입학하다(대학교)
  = masuk kuliah 마숙 꿀리아

□ pergi ke sekolah 쁘르기 끄 스꼴라 v. 등교하다(고등학교 이하)
  □ pergi ke kampus 쁘르기 끄 깜뿌스 v. 등교하다(대학교)

Dia pergi ke sekolah berjalan kaki.
디아 쁘르기 끄 스꼴라 브르잘란 까끼
그는 걸어서 등교해요.

tip. 인도네시아 국공립 초·중·고등학교의
등교 시간은 아침 7시예요.
초등학교는 12시, 중학교는 오후 1시,
고등학교는 오후 1시 30분까지 수업을 해요.

□ pulang sekolah 뿔랑 스꼴라 v. 하교하다(고등학교 이하)
  □ pulang kampus 뿔랑 깜뿌스 v. 하교하다(대학교)
  = pulang kuliah 뿔랑 꿀리아

□ setelah sekolah 스뜰라 스꼴라 방과 후에

□ terlambat 뜨를람밧 v. 늦다, 지각하다 a. 늦은

□ pulang lebih cepat 뿔랑 르비 쯔빳 v. 조퇴하다

□ lulus dari 룰루스 다리 v. ~을 졸업하다

Saya lulus dari UI (Universitas Indonesia).
사야 룰루스 다리 우이(우니프르시따스 인도네시아)
저는 인도네시아대학교를 졸업했어요.

□ putus sekolah 뿌뚜스 스꼴라 v. 학교를 그만두다

□ bus sekolah 부스 스꼴라 n. 통학 버스(고등학교 이하)
　　□ bus kampus 부스 깜뿌스 통학 버스(대학교)

□ semester 세메스뜨르 n. 학기

□ kelas 끌라스 n. 수업
　　□ jadwal kelas 자드왈 끌라스 시간표

□ kuliah 꿀리아 n. 강의(대학교)

□ silabus 실라부스 n. 교안, 강의계획서
　　= rencana pengajaran 른짜나 뻥아자란

□ ruang kelas 루앙 끌라스 n. 교실

□ bagian pengajaran 바기안 뻥아자란 n. 교무실

□ laboratorium 라보라또리움 n. 실험실

□ gym 짐 n. 체육관, 체육실

□ lapangan sekolah 라빵안 스꼴라 n. 운동장

□ mengajar 믕아자르 v. 가르치다

□ belajar 블라자르 v. 배우다, 공부하다

□ mempersiapkan untuk belajar 믐쁘르시압깐 운뚝 블라자르 v. 예습하다

□ mengulangi pelajaran 믕울랑이 쁠라자란 v. 복습하다

□ bolos kelas 볼로스 끌라스 v. 땡땡이 치다(고등학교 이하, 회화체)
　　□ bolos kuliah 볼로스 꿀리아 땡땡이 치다(대학교, 회화체)

□ pertanyaan 쁘르따냐안 n. 질문
　　□ jawaban 자와반 n. 대답

185

□ menghitung 믕히뚱 v. 계산하다

□ kalkulator 깔꿀라또르 n. 계산기

□ angka 앙까 n. 숫자

□ mata pelajaran 마따 쁠라자란 n. 과목
　　□ mata kuliah 마따 꿀리아 n. 과목(대학교)

□ jurusan 주루산 n. 전공
　　□ bahasa nasional 바하사 나시오날 n. 국어(인도네시아어)
　　□ bahasa Indonesia 바하사 인도네시아 n. 인도네시아어
　　□ matematika 마뜨마띠까 n. 수학
　　□ ilmu pengetahuan alam 일무 쁭으따후안 알람 n. 과학
　　= ilmu pengetahuan sains 일무 쁭으따후안 사인스
　　□ ilmu fisika 일무 피시까 n. 물리학
　　□ ilmu kimia 일무 끼미아 n. 화학
　　□ ilmu biologi 일무 비올로기 n. 생물학
　　□ ilmu sosial 일무 소시알 n. 사회학
　　= ilmu masyarakat 일무 마샤라깟
　　□ geografi 게오그라피 n. 지리학
　　□ ilmu histori 일무 히스또리 n. 역사학
　　= ilmu sejarah 일무 스자라
　　□ sastra 사스뜨라 n. 문학
　　= kesusastraan 끄수사스뜨라안
　　□ manajemen 마나즈멘 n. 경영학
　　□ musik 무식 n. 음악
　　□ seni 스니 n. 미술
　　□ olahraga 올라라가 n. 체육; 운동
　　□ bahasa asing 바하사 아싱 n. 외국어
　　□ bahasa Inggris 바하사 잉그리스 n. 영어
　　□ bahasa Korea 바하사 꼬레아 n. 한국어

Jurusan saya manajemen.
주루산 사야 마나즈멘
제 전공은 경영학이에요.

Kayaknya belajar bahasa Korea lebih susah dari bahasa Indonesia.
(비격식체)
까약냐 블라자르 바하사 꼬레아 르비 수사 다리 바하사 인도네시아
한국어가 인도네시아어보다 배우기 더 어려운 것 같아요.

□ **papan tulis** 빠빤 뚤리스 n. 칠판
　□ **spidol papan tulis** 스삐돌 빠빤 뚤리스 n. 보드마카
　□ **kapur tulis** 까뿌르 뚤리스 n. 분필
　□ **penghapus papan tulis** 쁭하뿌스 빠빤 뚤리스 n. 칠판지우개

□ **buku** 부꾸 n. 책
　□ **baca buku** 바짜 부꾸 v. 책을 읽다
　□ **buku pelajaran** 부꾸 쁠라자란 n. 교과서(학생용)
　□ **buku pengajaran** 부꾸 쁭아자란 n. 교과서(교사용)

Saya kehilangan semua buku pelajaran di gym.
사야 끄힐랑안 스무아 부꾸 쁠라자란 디 짐
체육관에서 내 교과서를 전부 잃어버렸어요.

□ **perpustakaan** 쁘르뿌스따까안 n. 도서관

□ **alat tulis** 알랏 뚤리스 n. 문방구 　→ **tip.** 참고로 '문방구점'은
'toko alat tulis 또꼬 알랏 뚤리스'입니다.

□ **catat** 짜땃 v. 필기하다, 메모하다

□ **buku catatan** 부꾸 짜따딴 n. 공책

□ **pensil** 뻰실 n. 연필

□ **pena** 뻬나 n. 펜
　□ **pulpen** 뿔뻰 n. 볼펜, 만년필

□ **penghapus** 쁭하뿌스 n. 지우개
　□ **karet** 까렛 n. 고무, 지우개

□ penghapus pena 뼁하뿌스 뻬나 n. 지우는 도구(볼펜용 지우개)
  □ tipe ex 띠뼤 엑스 n. 수정액

□ stabilo 스따빌로 n. 형광펜

□ kerayon 끄라욘 n. 크레용

□ penggaris 뼁가리스 n. 자

□ spidol 스삐돌 n. 매직펜

□ PR 뻬에르 n. 숙제
  = Pekerjaan Rumah 쁘끄르자안 루마

□ tugas 뚜가스 n. 숙제; 일, 임무
  □ mengerjakan PR 믕으르자깐 뻬에르 숙제를 하다(고등학교 이하)
  = mengerjakan tugas 믕으르자깐 뚜가스 (대학교나 기타 수업)

□ laporan 라뽀란 n. 보고서, 리포트

□ melaporkan 믈라뽀르깐 v. 제출하다

□ tes 떼스 n. 테스트
  □ ikut tes 이꿋 떼스 v. 테스트를 보다

□ ujian 우지안 n. 시험
  □ ikut ujian 이꿋 우지안 v. 시험을 보다
  □ soal ujian 소알 우지안 시험 문제
  □ UTS 우떼에스 중간고사
  = Ujian Tengah Semester 우지안 뜽아 세메스뜨르
  □ UAS 우아스 기말고사
  = Ujian Akhir Semester 우지안 아히르 세메스뜨르

□ (kunci) jawaban (꾼찌) 자와반 n. 답안
  □ kertas jawaban 끄르따스 자와반 답안지

□ mudah 무다 a. 쉬운

□ sulit 술릿 a. 어려운
  = sukar 수까르
  = susah 수사

□ menilai 므닐라이 v. 평가하다

□ nilai 닐라이 n. 점수, 성적
  = skor 스꼬르
  = hasil 하실
  □ daftar nilai 다프따르 닐라이 n. 성적표
  = daftar skor 다프따르 스꼬르

□ liburan 리부란 n. 연휴; 방학

□ gelar 글라르 n. 학위

15. 시험 결과

꼭! 써먹는 **실전 회화**

Ricky Aku gagal UTS.
아꾸 가갈 우떼에스
중간고사를 망쳤어.

Bayu Aku juga. Nggak puas sama hasil ujiannya.
아꾸 주가. 응각 뿌아스 사마 하실 우지안냐
나도야. 시험 결과가 만족스럽지 않아.

Ricky Harus lebih rajin belajar untuk siapin UAS.
하루스 르비 라진 블라자르 운뚝 시아삔 우아스
기말고사는 더 열심히 공부해야겠어.

Bayu Kita semangat, ya!
끼따 스망앗, 야!
힘내자!

회사 & 직업 Perusahaan & Pekerjaan 쁘르우사하안 단 쁘끄르자안

□ **perusahaan** 쁘르우사하안
n. 회사

□ **kantor** 깐또르
n. 사무실

□ **tugas** 뚜가스
n. 일, 업무; 숙제

□ **kerja** 끄르자
n. 근무, 일
v. 근무하다, 일하다

□ **masuk kerja**
마숙 끄르자
v. 출근하다

□ **pulang kerja**
뿔랑 끄르자
v. 퇴근하다

□ **kerja lembur**
끄르자 름부르
v. 야근하다

□ **dokumen** 도꾸멘
n. 서류

□ **rapat** 라빳
n. 회의

□ **berapat** 브라빳
v. 회의하다

□ **presentasi** 쁘레센따시
n. 발표

□ **mempresentasikan**
음쁘레센따시깐
v. 발표하다

☐ bos 보스
　 n. 상사

☐ pekerja 쁘끄르자 n. 피고용인

☐ karyawan 까리아완
　 n. 근로자; 직원, 종업원

☐ gaji 가지 n. 급여, 월급
☐ upah 우빠 n. 보수

☐ tunjangan 뚠장안 n. 수당
☐ bonus 보누스 n. 보너스

☐ mengundurkan diri 믕운두르깐 디리
　 v. 사직하다
☐ pensiun 뻰시운 v. 퇴직하다

☐ pecat 쁘짯
　 v. 해고하다

☐ berlibur 브를리부르 v. 휴가를 가다
☐ cuti 쭈띠 n. 휴가

☐ melamar pekerjaan
　 믈라마르 쁘끄르자안
　 v. 구직하다

☐ daftar riwayat hidup
　 다프따르 리와얏 히둡
= CV 쩨풰 이력서

☐ wawancara 와완짜라
　 n. 면접

191

□ pekerjaan 쁘끄르자안
n. 직업

□ kerja sampingan
끄르자 삼삥안
n. 아르바이트

□ penjual 쁜주알
n. 판매원

□ pembuat program
쁨부앗 쁘로그람
n. 프로그래머

□ jaksa 작사 n. 검사

□ pengacara 쁭아짜라
n. 변호사

□ polisi 뽈리시
n. 경찰관

□ pemadam kebakaran
쁘마담 끄바까란
n. 소방관

□ pengantar pos
쁭안따르 뽀스
n. 우체부

□ wartawan
와르따완
n. 기자

□ artis 아르띠스
= selebriti 셀레브리띠
n. 연예인

□ koki 꼬끼
= pemasak 쁘마삭
n. 요리사

□ pembuat roti
쁨부앗 로띠
n. 제빵사

192

□ **pelayan** 쁠라얀
   n. 웨이터, 웨이트리스

□ **pilot** 삐롯
   n. 조종사

□ **pramugari** 쁘라무가리
   n. 여승무원, 스튜어디스

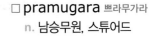

□ **pramugara** 쁘라무가라
   n. 남승무원, 스튜어드

□ **dokter** 독뜨르
   n. 의사

□ **suster** 수스뜨르
   n. 간호사

□ **apoteker** 아뽀떼끄르
   n. 약사

□ **arsitek** 아르시떽
   n. 건축가

□ **penata rambut**
   쁘나따 람붓
   n. 미용사

□ **pedagang** 쁘다강
   n. 상인

□ **peneliti** 쁘늘리띠
   n. 연구원

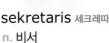

□ **sekretaris** 세크레따리스
   n. 비서

□ **petani** 쁘따니
   n. 농부

193

□ **perusahaan** 쁘르우사하안 n. 회사
  □ **PT** 뻬떼 주식회사
  = **Perseroan Terbatas** 쁘르세로안 뜨르바따스
  □ **kantor** 깐또르 n. 사무실
  □ **tempat kerja** 뜸빳 끄르자 일터, 일하는 장소

□ **tugas** 뚜가스 n. 일, 업무; 숙제

□ **kerja** 끄르자 n. 근무, 일 v. 근무하다, 일하다
  □ **masuk kerja** 마숙 끄르자 v. 출근하다
  □ **jam masuk kerja** 잠 마숙 끄르자 출근 시간
  □ **jam kerja** 잠 끄르자 업무 시간

□ **pulang kerja** 뿔랑 끄르자 v. 퇴근하다
  = **pulang kantor** 뿔랑 깐또르
  □ **jam pulang kerja** 잠 뿔랑 끄르자 퇴근 시간

□ **kerja lembur** 끄르자 름부르 v. 야근하다

□ **jam macet** 잠 마쯧 러시아워, 혼잡 시간대
  □ **macet** 마쯧 a. (차량이) 막히는

  Jam pulang pergi kerja selalu macet.
  잠 뿔랑 쁘르기 끄르자 슬랄루 마쯧
  출퇴근 시간에 도로가 항상 막혀요.

  tip. 수도 자카르타에서는 러시아워
  완화책으로 출퇴근 시간인 오전 7~10시,
  오후 4시 30분~7시까지 운영했던
  'Jalur 3 in 1 잘루르 쓰리 인 원
  (1차량 내 3인 이상 의무탑승제)'을
  2016년부터 'Jalur Ganjil genap
  잘루르 간질 그납(홀짝제)'으로 변경했어요.
  참고로 '홀수'는 'ganjil 간질',
  '짝수'는 'genap 그납'입니다.

□ **divisi** 디뷔시 n. 부서
  □ **bagian** 바기안 n. 부서; 구역, 코너
  □ **Kepala Bagian** 끄빨라 바기안 부서장
  □ **divisi personalia** 디뷔시 쁘르소날리아 인사부
  □ **divisi umum** 디뷔시 우뭄 총무부
  □ **divisi pemasaran** 디뷔시 쁘마사란 영업부
  □ **divisi marketing** 디뷔시 마르께띵 마케팅부
  □ **divisi penelitian dan pengembangan** 디뷔시 쁘늘리띠안 단 뻥음방안
    연구개발부

□ divisi akuntansi 디퓌시 아꾼딴시 회계부
□ divisi perencanaan 디퓌시 쁘른짜나안 기획부

□ dokumen 도꾸멘 n. 서류

Dokumennya banyak ditumpuk.
도꾸멘냐 반약 디뜸뿍
서류가 잔뜩 쌓여 있네요.

□ rapat 라빳 n. 회의
□ berapat 브라빳 v. 회의하다
□ rapat mingguan 라빳 밍구안 주간 회의
□ rapat bulanan 라빳 불라난 월간 회의

Ayo! Kita berapat.
아요! 끼따 브라빳
자! 회의합시다.

□ ruang rapat 루앙 라빳 회의실

□ presentasi 쁘레센따시 n. 발표
□ mempresentasikan 음쁘레센따시깐 v. 발표하다

□ mengontrak 믕온뜨락 v. 계약하다

□ menawar 므나와르 v. 협상하다

□ organisasi 오르가니사시 n. 기관

□ bos 보스 n. 상사 ⟶ tip. 동의어로 'atasan 아따산'이 있습니다.

□ pekerja 쁘끄르자 n. 피고용인

□ pegawai 쁘가와이 n. 직원

□ karyawan 까리아완 n. 근로자; 직원, 종업원
□ petugas 쁘뚜가스 n. 담당자; 직원

□ rekan 르깐 n. (회사) 동료; 파트너
= teman kantor 뜨만 깐또르

□ pangkat 빵깟 n. 직위
= kedudukan 끄두두깐

□ officer 오피스르 n. 사원

□ manajer 마나즈르 n. (과장급) 관리자
□ asisten manajer 아시스뜬 마나즈르 대리
□ manajer deputi 마나즈르 데뿌띠 (차장급) 관리자
□ manajer umum 마나즈르 우뭄 (부장급) 관리자

□ direktur 디렉뚜루 n. 이사
□ direktur utama 디렉뚜루 우따마 대표이사, 사장

□ naik pangkat 나익 빵깟 v. 승진하다
□ promosi 쁘로모시 n. 승진; 광고

□ gaji 가지 n. 급여, 월급
□ gaji kotor 가지 꼬또르 총급여(세전)
□ gaji bersih 가지 브르시 실수령 급여(세후)

□ upah 우빠 n. 보수
□ upah rata-rata 우빠 라따라따 평균 급여

□ Upah Minimum 우빠 미니뭄 최저 임금
□ UMP 우엠뻬 주 지역 단위 최저 임금
= Upah Minimum Provinsi 우빠 미니뭄 쁘로삔시
□ UMR 우엠에르 구·군 지역 단위 최저 임금
= Upah Minimum Resor 우빠 미니뭄 레소르
□ UMK 우엠까 면 지역 단위 최저 임금
= Upah Minimum Kabupaten 우빠 미니뭄 까부빠뜬

☐ tunjangan 뚠장안 n. 수당

☐ bonus 보누스 n. 보너스

☐ merekrut 므레끄룻 v. 고용하다
    ☐ perekrutan 쁘레끄루딴 n. 고용

☐ mogok 모곡 n. 파업 v. 파업하다 a. (차량이) 멈춰진

☐ pensiun 뻰시운 v. 퇴직하다

☐ mengundurkan diri 믕운두르깐 디리 v. 사직하다
    = ngundurin diri 응운두린 디리 (회화체)
    ☐ surat pengunduran diri 수랏 쁭운두란 디리 사직서

☐ pecat 쁘짯 v. 해고하다
    ☐ dipecat 디쁘짯 v. 해고되다

☐ menggembosi 믕금보시 v. 구조 조정하다

☐ cuti 쭈띠 n. 휴가
    ☐ bercuti 브르쭈띠 v. 유급 휴가를 가다
    ☐ bercuti tanpa mendapat gaji 브르쭈띠 딴빠 믄다빳 가지
      무급 휴가를 가다
    ☐ bercuti sakit 브르쭈띠 사낏 병가를 가다
    ☐ bercuti bersalin 브르쭈띠 브르살린 출산 휴가를 가다

☐ liburan 리부란 n. 연휴; 방학

☐ berlibur 브를리부르 v. 휴가를 가다

☐ pekerjaan 쁘끄르자안 n. 직업

☐ kerja sampingan 끄르자 삼삥안 n. 아르바이트

□ penjual 쁜주알 n. 판매원

□ pembuat program 쁨부앗 쁘로그람 n. 프로그래머

□ insinyur 인시뉴르 n. 엔지니어, 기술자; 공학자

□ tukang ledeng 뚜깡 르뎅 n. 배관공

□ tukang kayu 뚜깡 까유 n. 목수; 목공

□ pegawai negeri 쁘가와이 느그리 n. 공무원

□ jaksa 작사 n. 검사

□ pengacara 쁭아짜라 n. 변호사

□ hakim 하낌 n. 판사

□ polisi 뽈리시 n. 경찰(관)

□ pemadam kebakaran 쁘마담 끄바까란 n. 소방관

□ pengantar pos 쁭안따르 뽀스 n. 우체부

□ wartawan 와르따완 n. 기자

> Saya mau menjadi wartawan di majalah fesyen.
> 사야 마우 믄자디 와르따완 디 마잘라 페션
> 저는 패션 잡지 기자가 되고 싶어요.

□ akuntan 아꾼딴 n. 회계사

□ artis 아르띠스 n. 연예인
   = selebriti 셀레브리띠

□ penyanyi 쁘냐늬 n. 가수

☐ aktor 악또르 n. 남자배우
    ☐ aktris 악뜨리스 n. 여자배우

☐ dancer 댄스르 n. 댄서

☐ koki 꼬끼 n. 요리사
    = pemasak 쁘마삭

☐ pembuat roti 쁨부앗 로띠 n. 제빵사

☐ pelayan 쁠라얀 n. 웨이터, 웨이트리스

☐ pilot 삘롯 n. 조종사

☐ pramugari 쁘라무가리 n. 여승무원, 스튜어디스
    ☐ pramugara 쁘라무가라 n. 남승무원, 스튜어드

☐ dokter 독뜨르 n. 의사

☐ sinse 신세 n. 한의사

☐ dokter gigi 독뜨르 기기 n. 치과의사

☐ dokter hewan 독뜨르 헤완 n. 수의사

☐ suster 수스뜨르 n. 간호사

☐ bidan 비단 n. 조산원

☐ apoteker 아뽀떼끄르 n. 약사

☐ arsitek 아르시떽 n. 건축가

    Saya mau menjadi arsitek yang terkenal.
    사야 마우 믄자디 아르시떽 양 뜨르끄날
    유명한 건축가가 되고 싶어요.

□ penata rambut 쁘나따 람붓 n. 미용사

□ pengusaha 쁭우사하 n. 사업가
   = pebisnis 쁘비스니스

□ pedagang 쁘다강 n. 상인

□ pegawai bank 쁘가와이 방 은행원

□ petani 쁘따니 n. 농부

□ nelayan 늘라얀 n. 어부

□ penangkar 쁘낭까르 n. 사육사

□ peneliti 쁘늘리띠 n. 연구원

□ sekretaris 세크레따리스 n. 비서

□ sopir 소삐르 n. 운전기사

□ penjaga 쁜자가 n. 경비원
   = satpam 삿빰

□ asisten rumah tangga 아시스뜬 루마 땅가 n. 가사 도우미

□ pengasuh anak 쁭아수 아낙 n. 보모, 유모
   = babysitter 베이비시뜨르

□ melamar 믈라마르 v. 지원하다; 청혼하다

□ melamar pekerjaan 믈라마르 쁘끄르자안 v. 구직하다

□ iklan penawaran pekerjaan 이끌란 쁘나와란 쁘끄르자안 구인 광고

□ surat lamaran 수랏 라마란 지원서

□ daftar riwayat hidup 다프따르 리와얏 히둡 이력서
  = CV 쩨풰

□ riawayat kerja 리와얏 끄르자 n. 경력
  = karir 까리르

□ wawancara 와완짜라 n. 면접

  Saya sudah mengikuti wawancara kemarin.
  사야 수다 믕이꾸띠 와완짜라 끄마린
  저는 어제 면접을 봤어요.

□ pengajaran 쁭아자란 n. 교육, 연수
  □ mengajar 믕아자르
    v. 교육하다, 연수하다

16. 보너스

꼭! 써먹는 **실전 회화**

Inul Aku dapat bonus akhir tahun!
아꾸 다빳 보누스 아히르 따훈!
연말 보너스 받았어!

Saiful Bagus ya. Aku iri hati.
바구스 야. 아꾸 이리 하띠
잘됐네. 부럽다.

Inul Apa kamu ada masalah?
아빠 까무 아다 마살라?
넌 무슨 일 있어?

Saiful Kalau perusahaan saya, nggak kasih bonus akhir tahun.
깔라우 쁘르우사하안 사야, 응각 까시 보누스 아히르 따훈
우리 회사는 올해 보너스를 없앴어.

음식점&카페 Restoran & Kafe 레스또란 단 까페

□ restoran 레스또란
= rumah makan 루마 마깐
= warung 와룽
　n. 음식점, 식당

□ menu 메누
　n. 메뉴, 식단

□ makanan
　pembuka
　마까난 쁨부까
　전채

□ makanan
　sampingan
　마까난 삼삥안
　사이드 디쉬

□ lauk-pauk 라욱빠욱
　n. 반찬

□ hidangan utama
　히당안 우따마
　메인 요리

□ mematangkan
　므마땅깐
　v. 익히다

□ merebus 므르부스
　v. 삶다; 끓이다

□ membakar 믐바까르
　v. 굽다; 태우다

□ menggoreng 믕고렝
　v. 볶다; 튀기다

□ gorengan 고렝안
　n. 튀김

□ makanan pencuci
　mulut 마까난 쁜쭈찌 물룻
= makanan penutup
　마까난 쁘누뚭
　디저트, 후식

□ minuman 미누만
n. 음료

□ minum 미눔
v. 마시다

□ memesan 므므산
= mereservasi
므레스르퐈시
v. 예약하다; 주문하다

□ memilih 므밀리
v. 선택하다, 고르다

□ merekomendasi
므레꼬멘다시
v. 추천하다

□ membawa 믐바와
v. 가져가다

□ bahan 바한
n. 재료

□ tahu 따후
n. 두부

□ daging ayam
다깅 아얌
n. 닭고기

□ daging sapi
다깅 사삐
n. 소고기

□ daging babi 다깅 바비
= daging b2 다깅 베두아
n. 돼지고기

□ steak 스떼익
n. 스테이크

□ sirloin 시를로인
n. 등심

□ iga bakar 이가 바까르
n. 갈비구이, 립

□ shabu-shabu
샤부샤부 n. 샤부샤부

□ **martabak** 마르따박
n. 마르따박 빵

□ **nasi goreng** 나시 고렝
볶음밥

□ **mie rebus** 미 르부스
n. (국물이 있는) 국수;
삶은 면

□ **sup** 숩
n. 수프

□ **kuah** 꾸아
n. 국, 국물

□ **sayur-sayuran**
사유르사유란
= **sayur-mayur**
사유르마유르
n. 채소류

□ **makanan laut**
마까난 라웃
= **seafood** 시풋
n. 해산물

□ **kerang** 끄랑
n. 조개

□ **jamur** 자무르
n. 버섯

□ **roti** 로띠
n. 빵

□ **kue** 꾸에
n. 쿠키, 과자; 케이크

□ **es krim** 에스 끄림
n. 아이스크림

□ **keju** 께주
n. 치즈

□ **cokelat** 쪼꼴랏
n. 초콜릿; 갈색 a. 갈색의

□ **permen** 쁘르멘
n. 사탕

□ **kafe** 까페 n. 카페

□ **warung kopi** 와룽 꼬삐 (시골)
= **coffee shop** 꼬피 숍 (도시)
  커피숍

□ **kopi** 꼬삐
  n. 커피

□ **teh** 떼
  n. 차

□ **jus** 주스
  n. 주스, 과즙

□ **minuman bersoda**
  미누만 브르소다
  n. 탄산음료

□ **minuman keras**
  미누만 끄라스
= **minuman alkohol**
  미누만 알꼬홀
  n. 술

□ **air putih** 아이르 뿌띠
= **air mineral**
  아이르 미네랄
= **aqua** 아꾸아
  n. 물

□ **gelas** 글라스
  n. (유리)잔

□ **rasa** 라사 n. 맛

□ **enak** 에낙 a. 맛있는

□ **pedas** 쁘다스
  a. 매운

□ **asin** 아신
  a. 짠

□ **manis** 마니스
  a. 달달한, 달콤한, 단맛의

□ **pahit** 빠힛
  a. 쓴맛의

□ **asam** 아삼
  a. 신맛의

205

☐ restoran 레스또란 n. 음식점, 식당
    = rumah makan 루마 마깐
    = warung 와룽
    ☐ kantin 깐띤 n. 매점
    Saya lagi mencari restoran yang nggak berisik.
    사야 라기 믄짜리 레스또란 양 응각 브리식
    두 사람이 조용히 식사할 수 있는 음식점을 찾고 있어요.

☐ mangkuk 망꾹 n. 그릇
    ☐ piring 삐링 n. 접시

☐ menu 메누 n. 메뉴, 식단

☐ makanan pembuka 마까난 쁨부까 전채

☐ makanan sampingan 마까난 삼삥안 사이드 디쉬

☐ lauk-pauk 라욱빠욱 n. 반찬

☐ hidangan utama 히당안 우따마 메인 요리

☐ mematangkan 므마땅깐 v. 익히다
    ☐ mendidih 믄디디 v. 끓이다
    ☐ merebus 므르부스 v. 삶다; 끓이다
    ☐ meragi 므라기 v. 발효시키다

☐ membakar 믐바까르 v. 굽다; 태우다
    ☐ memanggang 므망강 v. (불 또는 연기로) 열을 가하다

☐ menggoreng 믕고렝 v. 볶다; 튀기다

☐ gorengan 고렝안 n. 튀김
    ☐ kentang goreng 끈땅 고렝 감자튀김
    ☐ ayam goreng 아얌 고렝 닭튀김
    ☐ ikan goreng 이깐 고렝 생선튀김

□ makanan pencuci mulut 마까난 쁜쭈찌 물롯 디저트, 후식
    = makanan penutup 마까난 쁘누똡

□ minuman 미누만 n. 음료

□ minum 미눔 v. 마시다

□ memesan 므므산 v. 예약하다; 주문하다
    = mereservasi 므레스르봐시

    Saya mau mereservasi untuk jam 7 malam hari ini.
    사야 마우 므레스르봐시 운뚝 잠 뚜주 말람 하리 이니
    오늘 저녁 7시 예약하고 싶어요.

□ memilih 므밀리 v. 선택하다, 고르다

□ merekomendasi 므레꼬멘다시 v. 추천하다

□ membungkus 믐붕꾸스 v. 포장하다

□ membawa 믐바와 v. 가져가다

    Boleh saya membawa pulang sisa makanannya?
    볼레 사야 믐바와 뿔랑 시사 마깐안냐?
    남은 음식은 포장 가능한가요? (가져갈 수 있나요?)

□ bahan 바한 n. 재료

□ segar 스가르 a. 신선한; 서늘한; 맑은; 말끔한

□ tahu 따후 n. 두부

□ makanan Halal 마까난 할랄 n. 할랄 음식
    = Halal food 할랄 풋
    □ sertifikat Halal 스르띠피깟 할랄 n. 할랄 인증

    tip. 'Halal 할랄'은 이슬람 종교 율법에 의해 허용된 음식이나 옷입니다. 반면 'Haram 하람'은
         허용되지 않는 것(돼지나 알코올 등을 이용한 식품, 화장품, 의류 등)입니다.

207

□ **makanan Padang** 마까난 빠당 n. **빠당** 음식

Makanan Padang terkenal di Indonesia.
마까난 빠당 뜨르끄날 디 인도네시아
인도네시아에서는 **빠당** 음식이 유명해요.

tip. Padang 빠당은 수마트라섬 내 중부에 위치한 도시로, 이곳 이름을 딴 **빠당** 음식은 인도네시아 전역에 걸쳐 인기가 있어요. 특유의 자극적인 맛의 음식들로 가득 차려진 상 주변에 앉아, 먹고 싶은 음식만 골라 먹고, 먹은 만큼 지불해요.

□ **daging ayam** 다깅 아얌 n. 닭고기

□ **daging sapi** 다깅 사삐 n. 소고기

□ **daging kambing** 다깅 깜빙 n. 염소 고기

□ **daging babi** 다깅 바비 n. 돼지고기
   = **daging b2** 다깅 베두아

□ **steak** 스떼익 n. 스테이크

tip. 인도네시아에서는 날것을 잘 안 먹어요. 인도네시아어로 스테이크의 익힌 정도를 표현할 때, seperempat matang 스쁘르음빳 마땅(레어)- setengah matang 스뜽아 마땅(미디움)- matang 마땅(웰던)이라고 하면 돼요.

□ **mentah** 믄따 a. 날것의

□ **seperempat matang** 스쁘르음빳 마땅 a. 거의 날것의; 레어

□ **setengah matang** 스뜽아 마땅 a. 반만 익힌; 미디움

Tolong masakkan steaknya setengah matang.
똘롱 마삭깐 스떼익냐 스뜽아 마땅
스테이크는 미디움으로 해 주세요.

□ **matang** 마땅 a. 익은; 성숙한; 웰던(완전히 익힌)

□ **sirloin** 시를로인 n. 등심

Sirloin ini kurang matang.
시를로인 이니 꾸랑 마땅
이 등심은 덜 익었어요.

□ **tenderloin** 뗀데를로인 n. 안심

□ **iga bakar** 이가 바까르 n. 갈비구이, 립

□ shabu-shabu 샤부샤부 n. 샤부샤부

□ mie rebus 미 르부스 n. (국물이 있는) 국수; 삶은 면

□ soto 소또 n. (닭고기 국물) 국수

□ mie goreng 미 고렝 볶음면

□ nasi goreng 나시 고렝 볶음밥

□ sup 숩 n. 수프

□ kuah 꾸아 n. 국, 국물

□ telur (ayam) 뜰루르 (아얌) n. 달걀

□ sayur-sayuran 사유르사유란 n. 채소류
   = sayur-mayur 사유르마유르

□ makanan laut 마까난 라웃 n. 해산물
   = seafood 시풋

□ kerang 끄랑 n. 조개

□ kangkung 깡꿍 n. 깡꿍(공심채, 시금치류의 채소)

□ jamur 자무르 n. 버섯

□ produk khas daerah 쁘로둑 하스 다에라 n. 특산물

   Apa produk khas dearah sini?
   아빠 쁘로둑 하스 다에라 시니?
   여기 지방의 특산물은 무엇인가요?

□ roti 로띠 n. 빵
   □ roti tawar 로띠 따와르 식빵
   □ roti panggang 로띠 빵강 구운 빵

☐ roti bakar 로띠 바까르 (숯불에) 구운 빵
☐ martabak 마르따박 n. 마르따박 빵
☐ kue 꾸에 n. 쿠키, 과자; 케이크

Martabak manis berbahan cokelat, keju, kacang dan lain-lain.
마르따박 마니스 브르바한 쪼끌랏, 께주, 까짱 단 라인라인
단맛의 마르따박 빵은 초콜릿, 치즈, 땅콩 등의 재료를 사용해요.

☐ es krim 에스 끄림 n. 아이스크림

☐ keju 께주 n. 치즈

☐ cokelat 쪼끌랏 n. 초콜릿; 갈색 a. 갈색의

> **tip.** 인도네시아 대사전 표기법은 cokelat이지만, 소리 나는 대로 표기한 coklat도 많이 씁니다.

☐ permen 쁘르멘 n. 사탕

☐ yoghurt 요구룻 n. 요거트(요구르트)

☐ kafe 까페 n. 카페

☐ warung kopi 와룽 꼬삐 커피숍(시골)
= coffee shop 꼬피 숍 (도시)

☐ kopi 꼬삐 n. 커피
    ☐ kopi hitam 꼬삐 히땀 블랙커피, 아메리카노
    ☐ kopi latte 꼬삐 라떼 카페라테
    ☐ kopi mix 꼬삐 믹스 믹스커피
    ☐ kopi susu 꼬삐 수수 밀크커피
    ☐ es kopi 에스 꼬삐 아이스커피
    ☐ kopi Luwak 꼬삐 루악 루왁 커피

tip. 최고급으로 평가받는 kopi Luwak (루왁 커피)은 가장 잘 익은 커피열매를 귀신같이 알아내는 야생 사향고양이가 커피 열매를 먹은 후 분비한 것을 원료로 사용합니다.

Es kopi Indonesia enak banget. (비격식체)
에스 꼬삐 인도네시아 에낙 방웃
인도네시아 아이스커피는 정말 맛있어요.

□ teh 떼 n. 차
- □ es teh 에스 떼 차가운 차
- □ teh hangat 떼 항앗 따뜻한 차
- □ teh hijau 떼 히자우 녹차
- □ teh herbal 떼 허르발 허브차
- □ teh susu 떼 수수 밀크티
- □ teh susu mutiara 떼 수수 무띠아라 버블티

□ jus 주스 n. 주스, 과즙
- □ jus buah segar 주스 부아 스가르 생과일주스
- □ jus mangga 주스 망가 망고주스
- □ jus jeruk 주스 즈룩 오렌지주스
- = jus oren 주스 오렌
- □ jus semangka 주스 스망까 수박주스

□ minuman bersoda 미누만 브르소다 n. 탄산음료

□ minuman keras 미누만 끄라스 n. 술
- = minuman alkohol 미누만 알꼬홀
- □ tuak 뚜악 n. 뚜악(코코넛 열매 등으로 만든 술 이름)
- □ arak 아락 n. 곡주
- □ sampanye 삼빠녀 n. 샴페인
- □ bir 비르 n. 맥주
- □ minuman alkohol Barat 미누만 알꼬홀 바랏 n. 양주
- □ minuman anggur 미누만 앙구르 n. 포도주, 와인
- = wine 와인

Orang Indonesia jarang minum minuman keras karena kebanyakan muslim.
오랑 인도네시아 자랑 미눔 미누만 끄라스 까르나 끄바냐깐 무슬림
인도네시아인 대부분이 무슬림이라 술을 잘 안 마셔요.

Bir yang paling terkenal di Indonesia adalah bir Bintang.
비르 양 빨링 뜨르끄날 디 인도네시아 아달라 비르 빈땅
인도네시아에서 제일 유명한 맥주는 빈땅 맥주예요.

□ air putih 아이르 뿌띠 n. 물
    = air mineral 아이르 미네랄
    = aqua 아꾸아

□ es (batu) 에스 (바뚜) n. (각)얼음

□ gelas 글라스 n. (유리)잔

□ cangkir 짱끼르 n. 컵, 머그컵, 찻잔

□ sedotan 스도딴 n. 빨대

□ tip 띱 n. 팁

    Indonesia memiliki kebiasaan memberikan tip.
    인도네시아 므밀리끼 끄비아사안 믐브리깐 띱
    인도에시아에는 팁 문화가 있어요.

□ bon 본 n. 계산서
    = bill 빌

□ serbet 스르벳 n. 냅킨

□ handuk basah 한둑 바사 물수건

□ garpu 가르뿌 n. 포크

□ sumpit 숨삣 n. 젓가락

    Anak-anak belum pintar pakai sumpit.
    아낙아낙 블름 삔따르 빠까이 숨삣
    어린아이들은 아직 젓가락을 잘 쓰지 못해요.

□ sendok 센독 n. 숟가락

□ sendok sayur 센독 사유르 n. 국자

□ rasa 라사 n. 맛
  □ enak 에낙 a. 맛있는
  □ pedas 쁘다스 a. 매운
  □ asin 아신 a. 짠
  □ manis 마니스 a. 달달한, 달콤한, 단맛의; 까무잡잡하면서 귀여운
  □ pahit 빠힛 a. 쓴맛의
  □ asam 아삼 a. 신맛의
  □ hambar 함바르 a. 싱거운
  □ tawar 따와르 a. 싱거운; 맹맛의
  □ gurih 구리 a. 고소한
  □ berminyak 브르미냑 a. 느끼한
  □ amis 아미스 a. 비린

□ basi 바시 a. 상한, 썩은
  = busuk 부숙

17. 요리 주문

꼭! 써먹는 **실전 회화**

Icha   Ada menu apa saja yang direkomendasikan hari ini?
아다 메누 아빠 사자 양 디레꼬멘다시깐 하리 이니?
오늘의 추천 메뉴는 뭐가 있죠?

petugas   Bu, menu yang kami rekomendasikan hari ini nasi goreng, ikan bakar dan rendang sapi.
부, 메누 양 까미 레꼬멘다시깐 하리 이니 나시 고렝, 이깐 바까르 단 른당 사삐
손님, 오늘 저희 집 추천 메뉴는 볶음밥과 생선구이, 그리고 소갈비찜이 있습니다.

Icha   Kalau begitu, minta yang itu ya.
깔라우 브기뚜, 민따 양 이뚜 야
그럼 그걸로 주세요.

petugas   Iya, Bu. Tolong ditunggu sebentar ya.
이야, 부. 똘롱 디뚱구 스븐따르 야
네, 손님. 잠시만 기다려 주십시오.

213

쇼핑 Belanja 블란자

□ toko 또꼬
n. 상점, 가게

□ pasar 빠사르
n. 시장

□ belanja 블란자 n. 쇼핑, 장

□ berbelanja 브르블란자
v. 장을 보다

□ supermarket
수쁘르마르껫
대형 마트

□ mini market
미니 마르껫 편의점

□ mall 몰
n. 백화점

□ produk 쁘로둑
= barang 바랑
n. 상품, 제품

□ etalase 에딸라스
n. 제품 진열장

□ menjual 믄주알
v. 팔다

□ membeli 믐블리
v. 사다, 구입하다

□ membayar 믐바야르
v. (비용을) 치르다, 지불하다, 결제하다

□ membayar kredit 믐바야르 끄레딧
신용 카드로 결제하다

□ **menukar** 므누까르
   v. 교환하다

□ **mengembalikan uang**
   믕음발리깐 우앙
   v. 환불하다

□ **bukti pembayaran**
   북띠 쁨바야란
   영수증, 지불증명서

□ **petugas** 쁘뚜가스 n. 담당자; 직원
□ **kasir** 까시르 n. 계산대 점원

□ **meja kasir** 메자 까시르
   n. 계산대

□ **tamu** 따무
   n. 손님, 고객

□ **harga** 하르가
   n. 가격, 요금

□ **diskon** 디스꼰 n. 할인 v. 할인하다
□ **obral** 오브랄 v. 세일하다, 재고를 정리하다

□ **mahal** 마할
   a. 비싼

□ **murah** 무라
   a. 싼

215

□ **toko baju** 또꼬 바주
옷 가게

□ **pakaian** 빠까이안
n. 옷, 의류

□ **baju** 바주
n. 상의

□ **celana** 쯜라나
n. 하의; 바지

□ **toko sepatu** 또꼬 쓰빠뚜
신발 가게

□ **ukuran** 우꾸란
n. 사이즈

□ **salon** 살론
n. 미용실

□ **memotong rambut** 므모똥 람붓
v. 이발하다(머리카락을 자르다)

□ **pangkas** 빵까스
n. 이발 v. 이발하다; 잘라 내다

□ **gunting** 군띵
n. 가위; 이발 v. 자르다

□ **mengecat rambut** 믕으짯 람붓
v. 염색하다(머리카락을 물들이다)

216

□ toko kosmetik 또꼬 꼬스메띡
화장품 가게

□ kosmetik 꼬스메띡
n. 화장품

□ parfum 빠르품
n. 향수

□ toner kulit 또느르 꿀릿 n. 스킨
□ pelembap 쁠름밥 n. 로션

□ laundry 라운드리
n. 세탁소

□ mencuci kering 믄쭈찌 끄링
v. 드라이클리닝하다

□ seterika 스뜨리까 n. 다리미
□ menyeterika 므녀뜨리까
v. 다림질하다

□ menjahit 믄자힛
v. 수선하다; 꿰매다

□ agen rumah 아겐 루마
부동산 중개소

□ rumah 루마
n. 집, 주택

217

□ toko 또꼬 n. 상점, 가게
  □ toko daging 또꼬 다깅 정육점
  □ toko ikan 또꼬 이깐 생선 가게
  □ toko sayur 또꼬 사유르 채소 가게
  □ toko roti 또꼬 로띠 빵집, 제과점
  □ toko elektronik 또꼬 엘렉뜨로닉 가전제품점
  □ toko HP 또꼬 하뻬 휴대폰 가게
  □ toko kacamata 또꼬 까짜마따 안경점
  □ toko buku 또꼬 부꾸 서점
  □ toko bunga 또꼬 붕아 꽃가게

□ pasar 빠사르 n. 시장
  □ pasar tradisional 빠사르 뜨라디시오날 재래시장
  □ pasar swalayan 빠사르 스왈라얀 현대화된 시장(마트)

□ belanja 블란자 n. 쇼핑, 장
  □ berbelanja 브르블란자 v. 장을 보다

□ mini market 미니 마르껫 편의점

□ supermarket 수쁘르마르껫 대형 마트

□ mall 몰 n. 백화점

□ produk 쁘로둑 n. 상품, 제품
  = barang 바랑

  Minta 3 produk yang sama.
  민따 띠가 쁘로둑 양 사마
  같은 제품으로 3개 주세요.

□ komoditas 꼬모디따스 n. 원자재

□ bagian 바기안 n. 구역, 코너; 부서
  □ food court 푸드 콧 음식 코너

□ etalase 에딸라스 n. 제품 진열장
  □ stan pameran 스딴 빠메란 n. 진열대

□ barang kebutuhan sehari-hari 바랑 끄부뚜한 스하리하리 생활용품

□ kebutuhan pokok 끄부뚜한 뽀꼭 생필품

□ toko penjual bahan makanan 또꼬 쁜주알 바한 마까난 식료품점

□ produk susu 쁘로둑 수수 유제품

□ makanan instan 마까난 인스딴 인스턴트 식품

□ makanan beku 마까난 브꾸 냉동식품
  = makanan dingin 마까난 딩인

□ makanan segar 마까난 스가르 신선식품

□ tanggal kadaluwarsa 땅갈 까달루와르사 n. 유통기한

□ tanggal pembuatan 땅갈 쁨부아딴 n. 제조일

□ menjual 믄주알 v. 팔다

□ membeli 믐블리 v. 사다, 구입하다

□ membayar 믐바야르 v. (비용을) 치르다, 지불하다, 결제하다
  □ membayar kredit 믐바야르 끄레딧 신용 카드로 결제하다
  □ membayar cicilan 믐바야르 찌찔란 할부로 결제하다
  □ membayar debet 믐바야르 데벳 일시불로 결제하다

  Mau membayar debet atau cicilan?
  마우 믐바야르 데벳 아따우 찌찔란?
  일시불로 하시겠어요 할부로 하시겠어요?

□ menukar 므누까르 v. 교환하다

219

□ mengembalikan uang 믕음발리깐 우앙 v. 환불하다
　　□ pengembalian uang 쁭음발리안 우앙 n. 환불
　　□ pengembalian barang 쁭음발리안 바랑 n. 반품

□ bukti pembayaran 북띠 쁨바야란 영수증, 지불증명서

□ tamu 따무 n. 손님, 고객

□ petugas 쁘뚜가스 n. 담당자; 직원

□ kasir 까시르 n. 계산대 점원
　　□ meja kasir 메자 까시르 n. 계산대

□ pengantar 쁭안따르 n. 배달원

□ harga 하르가 n. 가격, 요금

□ mahal 마할 a. 비싼

□ murah 무라 a. 싼
　　□ lebih murah 르비 무라 더 싼

□ ekonomis 에꼬노미스 a. 경제적인
　　= irit 이릿 (회화체)

□ diskon 디스꼰 n. 할인 v. 할인하다
　　□ harga diskon 하르가 디스꼰 할인 가격
　　□ produk diskon 쁘로둑 디스꼰 할인 상품

□ obral 오브랄 v. 세일하다, 재고를 정리하다
　　□ obralan 오브랄란 n. 세일 상품
　　□ cuci gudang 쭈찌 구당 재고 정리
　　= penjualan obral 쁜주알란 오브랄

□ tawar-menawar 따와르므나와르 v. 흥정하다, 가격을 깎다

□ habis 하비스 v. 매진되다 conj. ~후에

□ kualitas 꾸알리따스 n. 품질
    = mutu 무뚜

□ toko baju 또꼬 바주 옷 가게

□ pakaian 빠까이안 n. 옷, 의류
    □ baju 바주 n. 상의
    □ celana 쯜라나 n. 하의; 바지
    □ kemeja 끄메자 n. 와이셔츠

□ mode 모드 n. 패션
    = fesyen 페션

□ desain 드사인 n. 디자인

□ ukuran 우꾸란 n. 사이즈

    Kalau kemeja ini, nggak ada ukuran yang lebih besar? (회화체)
    깔라우 끄메자 이니, 응각 아다 우꾸란 양 르비 브사르?
    이 셔츠(의 경우), 더 큰 사이즈는 없나요?

□ toko sepatu 또꼬 쓰빠뚜 신발 가게

□ salon 살론 n. 미용실

□ memotong rambut 므모똥 람붓 v. 이발하다(머리카락을 자르다)
    □ pangkas 빵까스 n. 이발 v. 이발하다; 잘라 내다
    □ gunting 군띵 n. 가위; 이발 v. 자르다
    □ memotong poni 므모똥 뽀니 앞머리 자르다
    □ mengeriting 믕으리띵 v. 파마하다
    □ mengecat rambut 믕으짯 람붓 v. 염색하다(머리카락을 물들이다)

□ toko kosmetik 또꼬 꼬스메띡 화장품 가게

□ kosmetik 꼬스메띡 n. 화장품
- □ parfum 빠르품 n. 향수
- □ toner kulit 또느르 꿀릿 n. 스킨
- □ pelembap 쁠름밥 n. 로션
- □ deodoran 데오도란 n. 데오도란트
- □ sun blok 산 블록 n. 선크림
- □ BB krim 베베 끄림 n. BB 크림
- □ foundation 파운데이션 n. 파운데이션
- □ lipstik 립스띡 n. 립스틱
- □ celak 쫄락 n. 아이라이너
- = penggaris mata 뼁가리스 마따
- □ cat kuku 짯 꾸꾸 n. 매니큐어
- = kuteks 꾸뗵스

□ tempat massage 뜸빳 마사스 마사지 가게, 마사지실
- = tempat pijat 뜸빳 삐잣

□ laundry 라운드리 n. 세탁소
- □ menitip di laundry 므니띱 디 라운드리 세탁소에 맡기다
- □ mengambil (dari laundry) 믕암빌 (다리 라운드리)
  v. (세탁소에서) 찾아오다

□ mencuci kering 믄쭈찌 끄링 v. 드라이클리닝하다

□ mencuci 믄쭈찌 v. 씻다; 세탁하다
- □ cuci dengan tangan 쭈찌 등안 땅안 손세탁하다
- □ cucian (pakaian) 쭈찌안 (빠까이안) n. 세탁물

□ noda 노다 n. 얼룩
- □ menghilangkan 믕힐랑깐 v. 제거하다, 지우다, 없애다
- □ menghilangkan noda 믕힐랑깐 노다 얼룩을 제거하다

□ seterika 스뜨리까 n. 다리미
　　□ menyeterika 므녀뜨리까 v. 다림질하다

□ menjahit 믄자힛 v. 수선하다; 꿰매다
　　□ menisik 므니식 v. 깁다
　　□ memendekkan 므멘덱깐 v.(길이를) 줄이다

□ agen rumah 아겐 루마 부동산 중개소

□ rumah 루마 n. 집, 주택
　　□ apartemen 아빠르뜨믄 n. 아파트

□ indekos 인데꼬스 n. 하숙, 자취 v. 하숙하다, 자취하다
　　□ kos 꼬스 n. 전용 자취집 ⇢ **tip.** 대도시에는 1~2인용 주거 형태인 kost가 많아요.
　　= kost 꼬스
　　= kost-kostan 꼬스꼬산

18. 원피스

꼭! 써먹는 **실전 회화**

petugas　　**Ada yang dicari?**
　　　　　　아다 양 디짜리?
　　　　　　찾으시는 물건이 있나요?

Handika　**Iya, saya mau coba pakai baju terusan ini.**
　　　　　　이야, 사야 마우 쪼빠 빠까이 바주 뜨루산 이니
　　　　　　네, 이 원피스를 입어보고 싶어요.

petugas　　**Dengan ukuran berapa?**
　　　　　　등안 우꾸란 브라빠?
　　　　　　어떤 사이즈를 입으시죠?

Handika　**Saya pakai ukuran M.**
　　　　　　사야 빠까이 우꾸란 엠
　　　　　　저는 M 사이즈를 입어요.

병원 & 은행 Rumah Sakit & Bank 루마 사낏 단 방

□ rumah sakit
루마 사낏
n. 병원

□ RSU 알에스우
= Rumah Sakit Umum 루마 사낏 우뭄
n. 종합 병원

□ klinik 끌리닉 n. 개인 병원; 진료소

□ dokter 독뜨르
n. 의사

□ suster 수스뜨르
n. 간호사

□ pasien 빠시엔
= penderita sakit
쁜드리따 사낏
n. 환자

□ memeriksa 므므릭사
v. 검사하다, 진찰하다,
진료하다

□ gejala 그잘라
n. 증상

□ sakit 사낏
a. 아픈

□ bengkak 븡깍
a. 부은

□ muntah 문따
v. 구토하다

□ luka 루까 n. 상처

□ terluka 뜨를루까
v. 다치다; 상처 입다

□ salep 살릅
n. 연고

□ plester 쁠레스뜨르
n. 반창고, 밴드

□ luka memar
루까 므마르
n. 멍, 타박상

□ luka bakar 루까 바까르
n. 화상

□ flu 플루
n. 감기

□ batuk 바뚝
v. 기침하다, 기침이 나다

□ demam 드맘 n. 열
□ berdemam 브르드맘
v. 열이 나다

□ tulang 뚤랑
n. 뼈

□ patah 빠따
v. 부러지다

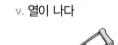

□ kruk 끄룩
= penopang 쁘노빵
= tongkat ketiak
똥깟 끄띠악
n. 목발

□ darah 다라
n. 피
□ jantung 잔뚱
n. 심장

□ maag 마
= lambung 람붕
n. 위
□ usus 우수스 n. 장

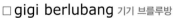

□ gigi berlubang 기기 브를루방
= gigi rusuk 기기 루숙
n. 충치

□ kawat gigi 까왓 기기
치아 교정철

225

□ opname 옵나므
= masuk rumah sakit
마숙 루마 사낏
v. 입원하다

□ keluar rumah sakit
끌루아르 루마 사낏
= meninggalkan
rumah sakit
므닝갈깐 루마 사낏
v. 퇴원하다

□ operasi 오뻬라시
n. 수술
v. 수술하다

□ apotek 아뽀떽
n. 약국

□ obat 오밧
n. 약

□ obat pencernaan
오밧 뻰쯔르나안
소화제

□ obat tidur 오밧 띠두르
수면제

□ obat penghilang
rasa sakit
오밧 뽕힐랑 라사 사낏
진통제

□ obat penurun
panas 오밧 쁘누룬 빠나스
= obat pereda
demam 오밧 쁘르다 드맘
해열제

□ bank 방
n. 은행

□ uang 우앙 n. 돈

□ uang tunai 우앙 뚜나이
n. 현금

□ uang kecil 우앙 끄찔
n. 잔돈, 거스름돈

□ **buku tabungan** 부꾸 따붕안
저축 통장

□ **bunga** 붕아
n. 이자; 꽃

□ **penyetoran** 쁘녜또란
n. 입금

□ **menyetor** 므녜또르
v. 예금하다, 입금하다

□ **penarikan** 쁘나리깐
n. 출금

□ **tarik uang** 따릭 우앙
v. 출금하다, 돈을 찾다

□ **transfer** 뜨란스프르
n. 송금, 계좌이체

□ **mentransfer** 믄뜨란스프르
v. 송금하다, 계좌이체하다

□ **meminjam** 므민잠
v. 빌리다

□ **meminjam uang** 므민잠 우앙
v. 대출하다

□ **menukar uang** 므누까르 우앙
v. 환전하다

□ **ATM** 아떼엠
= **Anjungan Tunai Mandiri**
안중안 뚜나이 만디리
현금인출기

227

☐ **rumah sakit** 루마 사낏 n. 병원

☐ **RSU** 알에스우 n. 종합 병원
    = Rumah Sakit Umum 루마 사낏 우뭄

☐ **klinik** 끌리닉 n. 개인 병원; 진료소 ⟶ tip. 인도네시아 종합 병원은 대기 시간이 길고
                                            가격도 상당히 비싸요. 간단한 치료나
                                            검진을 위해서는 klinik을 많이 가요.

☐ **dokter** 독뜨르 n. 의사

☐ **suster** 수스뜨르 n. 간호사

☐ **pasien** 빠시엔 n. 환자
    = penderita sakit 쁜드리따 사낏

☐ **kesehatan** 끄세하딴 n. 건강

☐ **berkonsultasi** 브르꼰술따시 v. 상담받다

    Kalau sakit pinggang terus, harus berkonsultasi sama dokter. (비격식체)
    깔라우 사낏 삥강 뜨루스, 하루스 브르꼰술따시 사마 독뜨르
    만약 계속 허리가 아프다면, 의사에게 상담받아야 해요.

☐ **memeriksa** 므므릭사 v. 검사하다, 진찰하다, 진료하다

☐ **mendiagnosis** 믄디아그노시스 v. 진단하다

☐ **gejala** 그잘라 n. 증상

☐ **sakit** 사낏 a. 아픈

☐ **bengkak** 븽깍 a. 부은
    ☐ **tenggorokan bengkak** 뜽고로깐 븽깍 v. 목이 붓다

☐ **sedak** 스닥 v. 목이 메이다

☐ **mual** 무알 a. 메스꺼운, 구역질을 느끼는

□ muntah 문따 v. 구토하다

□ diare 디아레 n. 설사 v. 설사하다

□ sembelit 슴블릿 n. 변비

□ luka 루까 n. 상처
　　□ terluka 뜨를루까 v. 다치다, 상처 입다

□ salep 살릅 n. 연고

　　Perlu salep untuk luka.
　　쁘를루 살릅 운뚝 루까
　　상처에 바르는 연고가 필요해요.

□ plester 쁠레스뜨르 n. 반창고, 밴드

□ luka memar 루까 므마르 n. 멍, 타박상
　　□ dapat luka memar 다빳 루까 므마르 멍이 들다

□ terbakar 뜨르바까르 v. 화상을 입다, 데다
　　= menderita luka bakar 믄드리따 루까 바까르

□ luka bakar 루까 바까르 n. 화상

□ nanah 나나 n. 고름

□ flu 플루 n. 감기
　　□ influensa 인플루엔사 n. 유행성 감기
　　□ kena flu 끄나 플루 감기에 걸리다
　　□ masuk angin 마숙앙인 냉방병, 감기 몸살
　　□ batuk 바뚝 v. 기침하다, 기침이 나다
　　□ pilek 삘릑 n. 코감기
　　□ rinitis 리니띠스 n. 비염
　　□ hidung tersumbat 히둥 뜨르숨밧 v. 코가 막히다

□ demam 드맘 n. 열
    □ berdemam 브르드맘 v. 열이 나다

    Jerry berdemam dari semalam.
    제리 브르드맘 다리 스말람
    제리는 어젯밤부터 열이 있어요.

□ suhu badan 수후 바단 n. 체온
    = panas badan 빠나스 바단

□ sendi 슨디 n. 관절
    □ radang sendi 라당 슨디 관절염
    = nyeri sendi 녀리 슨디

□ tulang 똘랑 n. 뼈

□ terkilir 뜨르낄리르 v. 삐다

□ jatuh 자뚜 v. 넘어지다

□ patah 빠따 v. 부러지다
    □ patah kaki 빠따 까끼 다리가 부러지다

□ kruk 끄룩 n. 목발
    = penopang 쁘노빵
    = tongkat ketiak 똥깟 끄띠악

□ darah 다라 n. 피
    □ anemia 아네미아 n. 빈혈

□ tekanan darah 뜨까난 다라 혈압
    □ tekanan darah tinggi 뜨까난 다라 띵기 고혈압
    □ tekanan darah rendah 뜨까난 다라 른다 저혈압

□ gangguan pencernaan 강구안 쁜쯔르나안 소화 불량

□ jantung 잔뚱 n. 심장

□ maag 마 n. 위
= lambung 람붕
Saya lagi sakit maag.
사야 라기 사낏 마
저 지금 위가 쓰려요.

□ usus 우수스 n. 장
□ radang usus buntu 라당 우수스 분뚜 맹장염

□ pusing 뿌싱 a. 어지러운
= pening 쁘닝
□ kepeningan 끄쁘닝안 n. 어지럼증, 현기증

□ gelegata 글르가따 n. 두드러기
= bercak 브르짝

□ alergi 알레르기 n. 알레르기

□ digigit 디기깃 v. (동물에) 물리다

□ disengat 디승앗 v. (벌레에) 쏘이다

□ gigi 기기 n. 이, 치아
□ sakit gigi 사낏 기기 a. 이가 아픈
□ gigi berlubang 기기 브를루방 n. 충치
= gigi rusuk 기기 루숙
□ sakit gigi berlubang 사낏 기기 브를루방 충치가 생기다
□ tambal gigi 땀발 기기 치아를 때우다
□ kawat gigi 까왓 기기 치아 교정철

□ sejarah penyakit 스자라 쁘냐낏 병력
= riwayat penyakit 리와얏 쁘냐낏
= riwayat kesehatan 리와얏 끄세하딴

□ daftar 다프따르 n. 등록
- □ mendaftar 믄다프따르 v. 등록하다, 접수하다; 가입하다

□ opname 옵나므 v. 입원하다
- = masuk rumah sakit 마숙 루마 사낏
- □ ruang pasien 루앙 빠시엔 병실

□ keluar rumah sakit 끌루아르 루마 사낏 v. 퇴원하다
- = meninggalkan rumah sakit 므닝갈깐 루마 사낏

□ operasi 오쁘라시 n. 수술 v. 수술하다
- □ dibedah 디브다 v. (외과)수술받다
- = dioperasi 디오쁘라시
- □ bedah 브다 n. 외과수술
- □ membius 믐비우스 v. 마취제를 놓다

□ asuransi 아수란시 n. 보험
- □ asuransi kesehatan 아수란시 끄세하딴 의료 보험

□ beri resep 브리 레셉 v. 처방하다
- □ resep dokter 레셉 독뜨르 처방전

□ apotek 아뽀떽 n. 약국

□ obat 오밧 n. 약
- □ obat pencernaan 오밧 쁜쯔르나안 소화제
- □ obat tidur 오밧 띠두르 수면제
- □ obat sakit kepala 오밧 사낏 끄빨라 두통제
- □ penawar sakit 쁘나와르 사낏 치료제
- □ obat penghilang rasa sakit 오밧 쁭힐랑 라사 사낏 진통제
- □ obat penurun panas 오밧 쁘누룬 빠나스 해열제
- = obat pereda demam 오밧 쁘르다 드맘

□ efek samping 에펙 삼삥 n. 부작용

□ bank 방 n. 은행
  □ pegawai bank 쁘가와이 방 n. 은행원
  □ BNI 베엔이 인도네시아 국립은행
  = Bank Negara Indonesia 방 느가라 인도네시아

□ cabang 짜방 n. 지점; (나뭇)가지

□ uang 우앙 n. 돈
  □ uang tunai 우앙 뚜나이 n. 현금
  □ mata uang 마따 우앙 n. 화폐
  = valuta 퐐루따

□ rupiah 루삐아 n. 루피아(인도네시아 화폐 단위)

□ dolar Amerika 돌라르 아메리까 n. 달러

□ uang kecil 우앙 끄찔 n. 잔돈, 거스름돈
  = uang pecah(an) 우앙 쁘짜(한)
  = uang receh(an) 우앙 레쩨(한)
  = uang kembali(an) 우앙 끔발리(안)

□ cek 쩩 n. 수표

□ rekening 레끄닝 n. 계좌

□ buku tabungan 부꾸 따붕안 저축 통장

□ bunga 붕아 n. 이자; 꽃
  □ suku bunga 수꾸 붕아 이자율, 금리
  = tarif bunga 따리프 붕아

□ saldo 살도 n. 잔액
  = sisa uang 시사 우앙
  □ cek saldo 쩩 살도 잔액 조회

□ **buka rekening** 부까 레끄닝 v. 통장을 개설하다

□ **penyetoran** 쁘녜또란 n. 입금
    □ **menyetor** 므녜또르 v. 예금하다, 입금하다 ↷ **tip.** 참고로 적금식 예금은
                                              'deposito 데뽀지또'입니다.

□ **penarikan** 쁘나리깐 n. 출금
    □ **tarik uang** 따릭 우앙 v. 출금하다, 돈을 찾다

    Saya mau tarik uang sebesar 200 juta rupiah.
    사야 마우 따릭 우앙 스브사르 두아 라뚜스 주따 루삐아
    제 계좌에서 2억 루피아를 찾고 싶습니다.

□ **transfer** 뜨란스프르 n. 송금, 계좌이체
    □ **mentransfer** 믄뜨란스프르 v. 송금하다, 계좌이체하다
    □ **kirim uang** 끼림 우앙 돈을 보내다, 송금하다

□ **internet banking** 인뜨르넷 뱅낑 인터넷 뱅킹

□ **meminjam** 므민잠 v. 빌리다
    □ **meminjam uang** 므민잠 우앙 v. 대출하다

□ **kredit** 끄레딧 n. 신용
    □ **kartu kredit** 까르뚜 끄레딧 신용 카드

□ **menukar uang** 므누까르 우앙 v. 환전하다

□ **biaya** 비아야 n. 비용

□ **ongkos** 옹꼬스 n. 요금

□ **komisi** 꼬미시 n. 중개료, 수수료

□ **tanda tangan** 딴다 땅안 n. 서명

□ **stempel** 스뗌뻴 n. 도장
    = **cap** 짭

□ KTP 까떼뻬 (일반) 신분증
    = Kartu Tanda Pengenal 까르뚜 딴다 뻥으날

□ KTP 까떼뻬 (관공서에서 발급 받은) 주민 등록증
    = Kartu Tanda Penduduk 까르뚜 딴다 쁜두둑

□ SIM 심 운전면허증
    = Surat Izin Mengemudi 수랏 이진 믕으무디

□ ATM 아떼엠 현금인출기
    = Anjungan Tunai Mandiri 안중안 뚜나이 만디리

    Di mana ATM yang dekat?
    디 마나 아떼엠 양 드깟?
    가까운 현금인출기는 어디에 있나요?

□ kata sandi 까따 산디 n. 비밀번호
    = password 빠스윗

19. 두통

꼭! 써먹는 **실전 회화**

Asih   Kamu ada obat penghilang rasa sakit?
           까무 아다 오밧 뻥힐랑 라사 사낏?
           너 진통제 있어?

Abu   Iya. Kamu sakit kepala terus?
           이야. 까무 사낏 끄빨라 뜨루스?
           응. 머리가 아프니?

Asih   Iya. Kepalaku sakit parah.
           이야. 끄빨라꾸 사낏 빠라
           응. 머리가 지독하게 아파.

Abu   Mending kamu periksa ke dokter. (비격식체)
           믄딩 까무 쁘릭사 끄 독뜨르
           의사에게 진찰을 받는 게 좋겠다.

연습 문제

다음 단어를 읽고 맞는 뜻과 연결하세요.

1. apotek	•	• 돈
2. bank	•	• 병원
3. guru	•	• 상점, 가게
4. kafe	•	• 선생님
5. murid	•	• 시장
6. pasar	•	• 약국
7. pekerjaan	•	• 은행
8. restoran	•	• 음식점, 식당
9. rumah sakit	•	• 직업
10. sekolah	•	• 카페
11. toko	•	• 학교
12. uang	•	• 학생

1. apotek – 약국 2. bank – 은행 3. guru – 선생님 4. kafe – 카페
5. murid – 학생 6. pasar – 시장 7. pekerjaan – 직업 8. restoran – 음식점, 식당
9. rumah sakit – 병원 10. sekolah – 학교 11. toko – 상점, 가게 12. uang – 돈

Bab 6

여행

- lalu lintas 랄루 린따스
  n. 교통
- transportasi 뜨란스뿌르따시
  n. 교통수단

- pesawat 쁘사왓
  n. 비행기

- bandar udara
  반다르 우다라
  = bandara 반다라
  n. 공항

- tiket penerbangan
  띠껫 쁘느르방안
- = tiket pesawat 띠껫 쁘사왓
  n. 항공권

- paspor 빠스뿌르
  n. 여권

- loket 로껫
  n. 창구, 매표소

- keberangkatan 끄브랑까딴 n. 출발
- berangkat 브랑깟 v. 출발하다, 떠나다

- kedatangan 끄다땅안 n. 도착
- datang 다땅 v. 오다

- pengudaraan 쁭우다라안 n. 이륙
- mengudara 믕우다라 v. 이륙하다

- pendaratan 쁜다라딴 n. 착륙
- mendarat 믄다랏 v. 착륙하다

238

□ **tempat duduk** 뜸빳 두둑
  n. 좌석; 앉는 장소

□ **kursi** 꾸르시
  n. 의자; 좌석

□ **kelas ekonomi** 끌라스 에꼬노미
  n. 이코노미석

□ **kelas bisnis** 끌라스 비스니스
  n. 비즈니스석

□ **kelas satu** 끌라스 사뚜
  n. 일등석

□ **naik** 나익 v. 승차하다

□ **naik ke** 나익 끄
  ~에 타다

□ **turun** 뚜룬 v. 하차하다

□ **turun dari** 뚜룬 다리
  ~로부터 내리다

□ **bagasi** 바가시
  n. (부치는) 수하물, 짐

□ **tempat sekuriti** 뜸빳 세꾸리띠
  n. 검색대

□ **pilot** 삘롯
  n. 조종사

□ **kapten** 깝뜬
  n. 기장

□ **awak kabin** 아왁 까빈
  n. 승무원

□ **pramugara** 쁘라무가라
  n. 남승무원, 스튜어드

□ **pramugari** 쁘라무가리
  n. 여승무원, 스튜어디스

239

☐ sabuk pengaman
사북 쁭아만
n. 안전벨트

☐ baju pelampung
바주 쁠람뿡
n. 구명조끼

☐ pintu evakuasi
삔뚜 에퐈꾸아시
n. 비상구

☐ makanan dalam penerbangan
마까난 달람 쁘느르방안
n. 기내식

☐ toko bebas pajak 또꼬 베바스 빠작
n. 면세점

☐ kereta api 끄레따 아삐
n. 기차

☐ stasiun kereta api
스따시운 끄레따 아삐
n. 기차역

☐ karcis kereta api 까르찌스 끄레따 아삐
= tiket kereta api 띠껫 끄레따 아삐
n. 기차표

☐ kompartemen 꼼빠르뜨믄
= kabin penumpang 까빈 쁘눔빵
n. 객실(교통)

☐ transit 뜨란싯
n. 환승

☐ tujuan 뚜주안
n. 목적지

240

□ subway 숩웨이
= kereta tanah bawah
　　끄레따 따나 바와
　　n. 지하철

□ peta jalur subway
　　쁘따 잘루르 숩웨이
　　n. 지하철 노선도

□ bus 부스
　　n. 버스

□ halte 할뜨 n. 정류장
□ terminal 뜨르미날 n. 종점

□ taksi 딱시
　　n. 택시

□ bajaj 바자위
　　n. 삼륜택시

□ sepeda 스뻬다
　　n. 자전거

□ motor 모또르 n. 오토바이
□ ojek 오젝 n. 오토바이택시

□ kapal 까빨
　　n. 배, 선박

□ pelabuhan 쁠라부한
　　n. 항구

241

☐ lalu lintas 랄루 린따스 n. 교통

☐ kendaraan 끈다라안 n. 교통수단; 자동차, 차량
　　☐ transportasi 뜨란스뽀르따시 n. 교통수단

　　Motor adalah kendaraan biasa di kota Jakarta.
　　모또르 아달라 끈다라안 비아사 디 꼬따 자까르따
　　오토바이는 자카르타의 일반적인 교통수단이에요.

　　tip. 인도네시아의 주요 교통수단으로는 '인력거, 오토바이택시, 삼륜택시, 봉고형버스, (일반)버스,
　　　　도심국철, 고속철도, 고속정, 비행기' 등이 있습니다.

☐ kendaraan umum 끈다라안 우뭄 n. 대중교통
　　= transportasi umum 뜨란스뽀르따시 우뭄

☐ pesawat 쁘사왓 n. 비행기

☐ bandar udara 반다르 우다라 n. 공항
　　= bandara 반다라

☐ penerbangan 쁘느르방안 n. 비행, 항공

☐ maskapai penerbangan 마스까빠이 쁘느르방안 n. 항공사
　　= airline 에어라인

☐ tiket penerbangan 띠껫 쁘느르방안 n. 항공권
　　= tiket pesawat 띠껫 쁘사왓

☐ paspor 빠스뽀르 n. 여권

☐ cek-in 쩩인 n. 체크인, 수속 v. 수속하다

　　Untuk cek-in Garuda Indonesia, saya harus ke mana?
　　운뚝 쩩인 가루다 인도네시아, 사야 하루스 끄 마나?
　　가루다인도네시아항공에 수속하려면 저는 어디로 가야 하나요?

☐ loket 로껫 n. 창구, 매표소

Untuk pembayaran kelebihan bagasi, saya harus ke loket nomor berapa?

운뚝 쁨바야란 끌르비한 바가시, 사야 하루스 끄 로껫 노모르 브라빠?

초과 수하물 비용을 지불하려면 저는 몇 번 창구로 가야 하나요?

☐ keberangkatan 끄브랑까딴 n. 출발

☐ berangkat 브랑깟 v. 출발하다, 떠나다
   ☐ berangkat dari 브랑깟 다리 ∼로부터 출발하다, 떠나다
   ☐ berangkat ke 브랑깟 끄 ∼를 향하여 출발하다, 떠나다

☐ menuju ke 므누주 끄 v. ∼로 향하다

☐ pengudaraan 쁭우다라안 n. 이륙

☐ mengudara 믕우다라 v. 이륙하다

☐ pendaratan 쁜다라딴 n. 착륙

☐ mendarat 믄다랏 v. 착륙하다

☐ kedatangan 끄다땅안 n. 도착

☐ tiba 띠바 v. 도착하다
   ☐ sampai 삼빠이 v. 도착하다 prep. ∼까지; ∼할 때까지

☐ datang 다땅 v. 오다, 도착하다
   ☐ datang dari 다땅 다리 v. ∼로부터 오다
   ☐ datang di 다땅 디 v. ∼에 오다

☐ sekali jalan 스깔리 잘란 n. 편도

☐ pulang pergi 뿔랑 쁘르기 n. 왕복

☐ pintu masuk pesawat 삔뚜 마숙 쁘사왓 n. 탑승구
   ☐ tempat duduk 뜸빳 두둑 n. 좌석; 앉는 장소

243

□ **kursi** 꾸르시 n. 의자; 좌석
- □ **nomor kursi** 노모르 꾸르시 n. 좌석 번호
- □ **kelas ekonomi** 끌라스 에꼬노미 n. 이코노미석
- □ **kelas bisnis** 끌라스 비스니스 n. 비즈니스석
- □ **kelas satu** 끌라스 사뚜 n. 일등석

Penumpang kelas bisnis dipersilakan untuk maju ke bagian depan.
쁘눔빵 끌라스 비스니스 디쁘르실라깐 운뚝 마주 끄 바기안 드빤
비즈니스석 승객께서는 앞쪽으로 가시기 바랍니다.

□ **naik** 나익 v. 승차하다
- □ **naik ke** 나익 끄 ~에 타다

□ **menumpang** 므눔빵 v. 얻어 타다, 합승하다

Saya menumpang truk.
사야 므눔빵 뜨룩
저는 트럭을 얻어 탔어요.

□ **turun** 뚜룬 v. 하차하다
- □ **turun dari** 뚜룬 다리 ~로부터 내리다

□ **titip** 띠띱 v. 맡기다

□ **kabin** 까빈 n. 기내

□ **bagasi** 바가시 n. (부치는) 수하물, 짐
- □ **bagasi kabin** 바가시 까빈 n. 기내용 수하물, 손으로 옮기는 수하물
- = **bagasi yang ditenteng** 바가시 양 디뗀뗑

Apakah Anda mau cek-in semua bagasi ini?
아빠까 안다 마우 쩩인 스무아 바가시 이니?
이 짐 모두를 부치실 건가요?

□ **mudah pecah** 무다 쁘짜 n. 깨지기 쉬운
- □ **label mudah pecah** 라벨 무다 쁘짜 n. 취급주의 표시 스티커

□ cairan 짜이란 n. 액체류

Jenis cairan tidak boleh dibawa masuk ke dalam kabin.
즈니스 짜이란 띠닥 볼레 디바와 마숙 끄 달람 까빈
액체류는 기내 반입이 불가합니다.

□ barang berbahaya 바랑 브르바하야 n. 위험 물품
　　□ barang dilarang 바랑 딜라랑 n. 금지 물품

□ Imigrasi 이미그라시 n. 이민국

□ pemeriksaan 쁘므릭사안 n. 검사; 심사
　　□ pemeriksaan Imigrasi untuk keberangkatan
　　　　쁘므릭사안 이미그라시 운뚝 끄브랑까딴 출국 심사
　　□ pemeriksaan Imigrasi untuk ketibaan
　　　　쁘므릭사안 이미그라시 운뚝 끄띠바안 입국 심사

□ sekuriti 세꾸리띠 n. 보안검사원

□ tempat sekuriti 뜸빳 세꾸리띠 n. 검색대

□ Pabean 빠베안 n. 세관
　　□ Pemberitahuan Pabean 쁨브리따후안 빠베안 세관신고서

□ Karantina 까란띠나 n. 검역소

□ tempat kargo 뜸빳 까르고 n. 화물칸

□ pilot 삘롯 n. 조종사
　　□ kapten 깝뜬 n. 기장

□ awak kabin 아왁 까빈 n. 승무원
　　□ pramugara 쁘라무가라 n. 남승무원, 스튜어드
　　□ pramugari 쁘라무가리 n. 여승무원, 스튜어디스

□ makanan dalam penerbangan 마까난 달람 쁘느르방안 n. 기내식

□ sabuk pengaman 사북 뼁아만 n. 안전벨트

□ baju pelampung 바주 쁠람뿡 n. 구명조끼

□ pintu evakuasi 삔뚜 에꽈꾸아시 n. 비상구

> Tolong dicek lokasi pintu evakuasi.
> 똘롱 디쩩 로까시 삔뚜 에꽈꾸아시
> 비상구의 위치를 확인해 주시기 바랍니다.

□ pajak 빠작 n. 세금
  □ toko bebas pajak 또꼬 베바스 빠작 n. 면세점

□ kereta api 끄레따 아삐 n. 기차
  □ kereta api ekspres 끄레따 아삐 엑스쁘레스 n. 급행열차
  □ kereta api langsung 끄레따 아삐 랑숭 n. 직행열차
  □ kereta api ekonomi 끄레따 아삐 에꼬노미 n. 완행열차
  □ kereta dalam kota 끄레따 달람 꼬따 도심국철
  □ kereta kecepatan tinggi 끄레따 끄쯔빠딴 띵기 고속철도

□ stasiun kereta api 스따시운 끄레따 아삐 n. 기차역

> Kita ketemu aja di stasiun subway jam 7. (비격식체)
> 끼따 끄뜨무 아자 디 스따시운 숩웨이 잠 뚜주
> 기차역에서 7시에 만나기로 해요.

□ karcis kereta api 까르찌스 끄레따 아삐 n. 기차표
  = tiket kereta api 띠껫 끄레따 아삐

□ papan pengumuman 빠빤 쁭우뭄안 n. 알림판

□ gerbong penumpang 그르봉 쁘눔빵 n. 객차, 량

> Gerbong penumpang nomor 8 di mana? (회화체)
> 그르봉 쁘눔빵 노모르 들라빤 디 마나?
> 8번 객차는 어느 쪽에 있죠?

□ **kompartemen** 꼼빠르뜨믄 n. 객실(교통)
   = **kabin penumpang** 까빈 쁘눔빵

□ **transit** 뜨란싯 n. 환승

□ **jadwal** 자드왈 n. 운행 시간표

□ **tujuan** 뚜주안 n. 목적지

□ **perjalanan** 쁘르잘라난 n. 여행; 여정
   = **trip** 뜨립

□ **ruang tunggu** 루앙 뚱구 n. 대기실

□ **peron** 뻬론 n. 플랫폼

□ **rel** 렐 n. 레일

tip. 2019년 도심고속열차 'MRT Jakarta 엠에르떼 자까르따'가 개통하였습니다. 그래서 일반적으로 '지하철'에 해당하는 교통수단을 MRT라고 합니다. 수도권 경전철 'LRT Jakarta 엘에르떼 자까르따' 역시 2019년 1-A 단계 개통 이후, 현재 추가 노선 확장에 대한 사업성 평가를 진행 중입니다. 현재는 자카르타 북부-동부 간 6개 역을 운행하며, 거리와 관계없이 동일 요금이라고 하네요. (1회 탑승비 = 5천 루피아)

□ **subway** 숩웨이 n. 지하철
   = **kereta tanah bawah** 끄레따 따나 바와

   Di Jakarta lagi sibuk dengan pembangunan MRT. (비격식체)
   디 자까르따 라기 시북 등안 쁨방우난 엠에르떼
   자카르타에서는 지하철 공사가 한창이에요.

□ **stasiun subway** 스따시운 숩웨이 n. 지하철역
   □ **tiket subway** 띠껫 숩웨이 n. 지하철표
   □ **peta jalur subway** 쁘따 잘루르 숩웨이 n. 지하철 노선도
   □ **pintu keluar stasiun** 삔뚜 끌루아르 스따시운 n. 지하철 출구

tip. 'jalur 잘루르'는 명사로 '노선'이란 뜻입니다.

□ **bus** 부스 n. 버스
   □ **bus kota** 부스 꼬따 n. 시내버스
   □ **bus antarkota** 부스 안따르꼬따 n. 시외버스
   □ **mikrolet** 미끄롤렛 n. 봉고형버스
   □ **bus tur** 부스 뚜르 n. 관광버스

tip. mikrolet은 서민들이 많이 이용하는 소형 봉고버스로, 짧은 거리를 다닙니다.

□ halte 할뜨 n. 정류장

□ terminal 뜨르미날 n. 종점

□ taksi 딱시 n. 택시

> **tip.** bajaj는 오토바이를 3발로 개조하여 뒷좌석에 2~3명의 승객이 탈 수 있는 공간이 있습니다. 공해와 미관문제로 도심지역에서는 점차 없어지는 추세입니다.

    □ bajaj 바자위 n. 삼륜택시

    □ meteran taksi 메뜨란 딱시 n. 택시 미터기

Bagaimana kalau kita naik taksi kali ini?
바가이마나 깔라우 끼따 나익 딱시 깔리 이니?
우리 이번에는 택시를 타는 것이 어떨까요?

tip. 인도네시아의 Blue bird는 콜서비스와 앱 예약도 가능한 명실상부 업계 1등 택시회사입니다. 외국인들이 가장 믿고 이용하는 택시입니다.

□ becak 베짝 n. 인력거

□ sepeda 스뻬다 n. 자전거

□ meminjam 므민잠 v. 빌리다

□ menyewa 므녜와 v. 임대하다

□ motor 모또르 n. 오토바이

    □ ojek 오젝 n. 오토바이택시

tip. ojek은 택시처럼 이용하는 일반 오토바이라 생각하면 됩니다. 최근 스마트폰 앱을 통해 보다 안전하고 공정한 가격에 이용할 수 있습니다.

Anda punya berapa motor di rumah?
안다 뿌냐 브라빠 모또르 디 루마?
당신은 집에 몇 대의 오토바이가 있어요?

Banyak orang Indonesia naik bajaj atau ojek untuk masuk kerja.
바냑 오랑 인도네시아 나익 바자위 아따우 오젝 운뚝 마숙 끄르자
인도네시아 사람들은 삼륜택시와 오토바이택시를 타고 일하러 갑니다.

□ helm 헬름 n. 헬멧

□ masker 마스끄르 n. 마스크

248

□ kapal 까빨 n. 배, 선박
　　□ kapal feri 까빨 페리 고속정

□ pelabuhan 쁠라부한 n. 항구

□ mabuk laut 마북 라웃 n. 뱃멀미
　　= mabuk ombak 마북 옴박

20. 비행기 예약

꼭! 써먹는 **실전 회화**

Abu　　Saya mau pesan tiket menuju ke Semarang.
　　　　사야 마우 쁘산 띠껫 므누주 끄 스마랑
　　　　스마랑행 비행기 티켓을 예약하려고 합니다.

tip. 'Semarang 스마랑'은
자바섬 중부에 있는
도시 이름입니다.

pegawai　Untuk tanggal berapa?
　　　　운뚝 땅갈 브라빠?
　　　　언제 떠날 예정인가요?

Abu　　Antara tanggal 20 dan 23 Desember.
　　　　안따라 땅갈 두아뿔루 단 띠가뿔루 데쎔브르
　　　　12월 20일에서 23일 사이에 떠나고 싶어요.

pegawai　Sekali jalan atau pulang pergi?
　　　　스깔리 잘란 아따우 뿔랑 쁘르기?
　　　　편도인가요 왕복인가요?

Abu　　Sekali jalan untuk pergi saja.
　　　　스깔리 잘란 운뚝 쁘르기 사자
　　　　가는 것 편도만요.

운전 Mengemudi 믕으무디

☐ **mengemudi** 믕으무디
= **menyetir** 므녀띠르
　　n. 운전 v. 운전하다

☐ **kendaraan** 끈다라안
　　n. 자동차, 차량; 교통수단

☐ **mobil** 모빌
　　n. 승용차, 세단형 차량

☐ **truk** 뜨룩
　　n. 트럭

☐ **van** 꽨
　　n. 밴

☐ **setir** 스띠르
　　n. 핸들

☐ **sabuk pengaman** 사북 쁭아만
　　n. 안전벨트

☐ **kecepatan** 끄쯔빠딴 n. 속도

☐ **mengencangkan kecepatan**
　　믕은짱깐 끄쯔빠딴
　　v. 가속하다(속도를 강화하다)

☐ **pedal gas** 쁘달 가스
　　n. 액셀러레이터

☐ **berhenti** 브르헨띠
　　v. 정지하다

☐ **mengerem** 믕으렘
　　v. 제동을 걸다, 브레이크를 밟다

☐ **rem** 렘
　　n. 브레이크

□ lampu depan 람뿌 드빤
n. 전조등, 헤드라이트

□ klakson 끌락손
n. 경적

□ ban 반
n. 타이어

□ melanggar 믈랑가르
v. 위반하다

□ rambu lalu lintas 람부 랄루 린따스
n. 교통 표지판

□ polisi 뽈리시
n. 경찰

□ denda 든다
n. 벌금

□ menelepon saat mengemudi
므넬레뽄 사앗 믕으무디
운전 중 통화

□ mengemudi dalam keadaan mabuk
믕으무디 달람 끄아다안 마북
n. 음주운전

□ pelanggaran batas kecepatan
쁠랑가란 바따스 끄쯔빠딴
n. 속도위반

□ cepat 쯔빳
  a. 빠른; 일찍, 이른

□ pelan 쁠란
  a. 느린

□ jalan 잘란
  n. 길, 거리

□ lampu lalu lintas 람뿌 랄루 린따스
  n. 신호등

□ pengemudi 쁭으무디
  n. 운전자

□ pejalan kaki 쁘잘란 까끼
  n. 보행자

□ percabangan jalan
  쁘르짜방안 잘란
  n. 교차로

□ garis tengah jalan raya
  가리스 뜽아 잘란 라야
  n. 중앙선

□ trotoar 뜨로또아르
  n. 인도

□ penyeberangan pejalan
  쁘녀브랑안 쁘잘란
  n. 횡단보도

□ pom bensin 뽐 벤신
  n. 주유소

□ premium 쁘레미움
= gasolin 가솔린
  n. 휘발유

□ solar 솔라르
= diesel 디셀
  n. 경유

□ isi bensin 이시 벤신
  v. 주유하다

□ tempat cuci mobil 뜸빳 쭈찌 모빌
  n. 세차장

□ mencuci mobil 믄쭈찌 모빌
  v. 세차하다

□ tempat parkir 뜸빳 빠르끼르
  n. 주차장

□ parkir 빠르끼르
  v. 주차하다

□ dilarang parkir 딜라랑 빠르끼르
  n. 주차 금지

□ kemacetan 끄마쯔딴
  n. 교통 체증

253

☐ **mengemudi** 릉으무디 n. 운전 v. 운전하다
  = **menyetir** 므녀띠르

  Ibu saya bisa menyetir motor.
  이부 사야 비사 므녀띠르 모또르
  제 어머니는 오토바이를 운전할 수 있어요.

☐ **kendaraan** 끈다라안 n. 자동차, 차량; 교통수단

☐ **mobil** 모빌 n. 승용차, 세단형 차량

☐ **bus** 부스 n. 버스
  ☐ **bus gandengan** 부스 간등안 n. 트레일러

☐ **truk** 뜨룩 n. 트럭

☐ **van** 팬 n. 밴
  ☐ **van untuk 5 penumpang** 팬 운뚝 리마 쁘눔빵 n. 5인승 차량(밴)

☐ **setir** 스띠르 n. 핸들 **tip.** 인도네시아는 우리나라와 반대로 운전대가 오른쪽에 있습니다.

☐ **sabuk pengaman** 사북 쁭아만 n. 안전벨트

☐ **mengenakan sabuk pengaman** 릉으나깐 사북 쁭아만 안전벨트를 매다
  = **pakai sabuk pengaman** 빠까이 사북 쁭아만

☐ **kecepatan** 끄쯔빠딴 n. 속도

☐ **mengencangkan kecepatan** 릉은짱깐 끄쯔빠딴 v. 가속하다(속도를 강화하다)
  ☐ **pedal gas** 쁘달 가스 n. 액셀러레이터
  ☐ **menginjak pedal gas** 릉인작 쁘달 가스 v. 액셀을 밟다

☐ **berhenti** 브르헨띠 v. 정지하다
  ☐ **mengerem** 릉으렘 v. 제동을 걸다, 브레이크를 밟다
  = **ngerem** 응으렘 (회화체)

□ rem 렘 n. 브레이크
    □ rem darurat 렘 다루랏 n. 사이드 브레이크
    □ rem tangan 렘 땅안 n. 핸드 브레이크

□ kap mobil 깝 모빌 n. 보닛

□ bagasi mobil 바가시 모빌 n. 트렁크

□ lampu depan 람뿌 드빤 n. 전조등, 헤드라이트
    □ lampu sein 람뿌 세인 n. 방향 지시등
    = lampu renting 람뿌 렌띵
    □ lampu darurat 람뿌 다루랏 n. 비상등

□ klakson 끌락손 n. 경적

□ kaca spion tengah 까짜 스삐온 뜽아 n. 룸미러
    □ kaca spion belakang 까짜 스삐온 블라깡 n. 백미러
    □ kaca spion samping 까짜 스삐온 삼삥 n. 사이드미러

□ mesin 므신 n. 엔진

□ wiper 와이쁘르 n. 와이퍼

□ bemper 벰쁘르 n. 범퍼

□ STNK 에스떼엔까 n. 자동차 등록증
    = Surat Tanda Nomor Kendaraan 수랏 딴다 노모르 끈다라안

□ pelat nomor 쁠랏 노모르 n. 번호판

□ SIM 심 n. 운전면허증
    = Surat Izin Mengemudi 수랏 이찐 믕으무디
    □ tes SIM 떼스 심 n. 운전면허 시험

□ ban 반 n. 타이어
  □ ban cadangan 반 짜당안 n. 스페어 타이어
  □ roda 로다 n. 바퀴; 바퀴의 몸통부(타이어를 제외한)

□ kempes 끔뻬스 v. 터지다, 펑크나다

□ melanggar 믈랑가르 v. 위반하다

□ peraturan lalu lintas 쁘라뚜란 랄루 린따스 n. 도로교통법

□ rambu lalu lintas 람부 랄루 린따스 n. 교통 표지판
  □ rambu jalan 람부 잘란 n. 도로 표지판
  □ rambu peringatan 람부 쁘링아딴 n. 경고 표지판

□ polisi 뽈리시 n. 경찰(관)
  □ polisi lalu lintas 뽈리시 랄루 린따스 n. 교통경찰

□ polisi tidur 뽈리시 띠두르 n. 과속방지턱   tip. 인도네시아에는 과속 방지턱이 너무 많아
                                              농담으로 'polisi tidur 뽈리시 띠두르
□ denda 든다 n. 벌금   (잠자는 경찰)'라고 합니다.

□ menelepon saat mengemudi 므넬레뽄 사앗 믕으무디 운전 중 통화

□ mengemudi dalam keadaan mabuk 믕으무디 달람 끄아다안 마북
  n. 음주운전

□ batas kecepatan 바따스 끄쯔빠딴 n. 규정속도, 제한속도
  □ pelanggaran batas kecepatan 쁠랑가란 바따스 끄쯔빠딴 n. 속도위반

□ pelan 쁠란 a. 느린

□ cepat 쯔빳 a. 빠른; 일찍, 이른

□ nekat 네깟 a. 난폭한; 무모한

□ rusak 루삭 v. 망치다, 고장 내다 a. 고장 난

□ mogok 모곡 a. (차량이) 멈춰진 n. 파업 v. 파업하다

□ jalan 잘란 n. 길, 거리
    □ berjalan 브르잘란 v. 가다
    □ jalan satu arah 잘란 사뚜 아라 n. 일방통행
    □ jalan dua arah 잘란 두아 아라 n. 양방통행
    □ jalan lingkar luar 잘란 링까르 루아르 n. 순환 도로
    □ jalan raya 잘란 라야 n. 큰길, 대로
    □ jalan masuk 잘란 마숙 n. 진입로
    □ jalan keluar 잘란 끌루아르 n. 진출로
    □ jalan biasa 잘란 비아사 n. 일반도로
    □ jalan tol 잘란 똘 n. 고속도로
    □ jalan 3 in 1 잘란 쓰리 인 원 n. 3인 이상 차량 전용도로
    □ jalan pintas 잘란 삔따스 n. 지름길
    □ bahu jalan 바후 잘란 n. 갓길
    □ percabangan jalan 쁘르짜방안 잘란 n. 교차로
    □ jalur khusus bus 잘루르 후수스 부스 n. 버스 전용차선
    □ garis tengah jalan raya 가리스 뜽아 잘란 라야 n. 중앙선

    Kalau di jalan tol, motor nggak boleh lewat. (비격식체)
    깔라우 디 잘란 똘, 모또르 응각 볼레 레왓
    고속도로에는 오토바이가 다닐 수 없어요.

□ trotoar 뜨로또아르 n. 인도

□ penyeberangan pejalan 쁘녀브랑안 쁘잘란 n. 횡단보도

□ jembatan penyeberangan 즘바딴 쁘녀브랑안 n. 육교

□ gang 강 n. 골목길

□ lampu lalu lintas 람뿌 랄루 린따스 n. 신호등
    □ lampu jalan 람뿌 잘란 n. 가로등

257

□ pengemudi 쁭으무디 n. 운전자

□ pejalan kaki 쁘잘란 까끼 n. 보행자

□ premium 쁘레미움 n. 휘발유
    = gasolin 가솔린
    □ solar 솔라르 n. 경유
    = diesel 디셀
    □ gas bumi 가스 부미 천연가스

□ liter 리뜨르 n. 리터

□ bensin 벤신 n. 기름
    □ harga bensin 하르가 벤신 기름값

    Sekarang berapa harga bensin per liter?
    스까랑 브라빠 하르가 벤신 쁘르 리뜨르?
    기름은 리터당 얼마인가요?

□ pom bensin 뽐 벤신 n. 주유소
    □ isi bensin 이시 벤신 v. 주유하다

□ tempat cuci mobil 뜸빳 쭈찌 모빌 n. 세차장
    □ mencuci mobil 믄쭈찌 모빌 v. 세차하다

□ parkir 빠르끼르 v. 주차하다
    □ tempat parkir 뜸빳 빠르끼르 n. 주차장
    □ tempat parkir umum 뜸빳 빠르끼르 우뭄 n. 공영 주차장
    □ tempat parkir gratis 뜸빳 빠르끼르 그라띠스 n. 무료 주차장
    □ tempat parkir berbayar 뜸빳 빠르끼르 브르바야르 n. 유료 주차장

□ dilarang parkir 딜라랑 빠르끼르 n. 주차 금지

□ kesemrawutan 끄슴라우딴 n. 혼잡, 혼란
    □ kesemrawutan lalu lintas 끄슴라우딴 랄루 린따스 n. 교통 혼잡

□ **kemacetan** 끄마쯔딴 n. 교통 체증
　　□ **macet** 마쯧 a. (차량이) 막히는

□ **putar balik** 뿌따르 발릭 n. 유턴
　　□ **sebelah kanan** 스블라 까난 n. 오른쪽
　　= **samping kanan** 삼삥 까난
　　□ **sebelah kiri** 스블라 끼리 n. 왼쪽
　　= **samping kiri** 삼삥 끼리
　　□ **belok kanan** 벨록 까난 v. 우회전하다
　　□ **belok kiri** 벨록 끼리 v. 좌회전하다

□ **terowongan** 뜨로웡안 n. 터널

□ **curam** 쭈람 a. 험한; 경사가 급한

꼭! 써먹는 **실전 회화**

21. 교통 위반

polisi　　Tolong tunjukkan SIM Anda.
　　　　　똘롱 뚠주깐 심 안다
　　　　　운전면허증 좀 보여 주세요.

Bayu　　Apa saya berjalan terlalu cepat?
　　　　　아빠 사야 브르잘란 뜨를랄루 쯔빳?
　　　　　제가 너무 과속했나요?

polisi　　Tidak. Tapi melanggar lampu merah.
　　　　　띠닥. 따삐 믈랑가르 람뿌 메라
　　　　　아닙니다. 하지만 빨간 불을 위반하셨네요.

Bayu　　Maaf. Apa kena denda?
　　　　　마아프. 아빠 끄나 든다?
　　　　　죄송합니다. 그러면 벌금이 있나요?

polisi　　Iya, ada denda sedikit.
　　　　　이야, 아다 든다 스디낏
　　　　　네, 약간의 벌금이 있어요.

259

□ **penginapan** 뼁이나빤
= **tempat menginap** 뜸빳 릉이납
  n. 숙소, 숙박; 숙박시설

□ **menginap** 릉이납
  v. 묵다, 숙박하다

□ **pesan** 쁘산
  n. 예약; 주문; 메시지
  v. 방을 잡다; 예약하다; 주문하다

□ **reservasi** 레스르봐시
  v. 예약하다; 주문하다

□ **membatalkan** 음바딸깐
= **kansel** 깐슬
  v. 취소하다(유효하지 않게 만들다)

□ **membatalkan pemesanan kamar** 음바딸깐 쁘므사난 까마르
  v. 방 예약을 취소하다

□ **petugas resepsionis**
  쁘뚜가스 르셉시오니스
  n. 접수대 안내원

□ **petugas front** 쁘뚜가스 프론
  n. 프런트 담당자

□ **cek-in** 쩩인
  n. 체크인

□ **cek-out** 쩩아웃
  n. 체크아웃

□ kamar 까마르
　n. 방; 객실(숙박)

□ hotel 호뗄
　n. 호텔

□ room service 룸 스르비스
= pelayanan kamar 쁠라야난 까마르
　n. 룸서비스

□ fasilitas pemanas
　파실리따스 쁘마나스
　n. 난방, 난방 시설

□ tempat mandi 뜸빳 만디
　n. 씻는 곳(목욕탕; 샤워실)

□ double room 더블 룸 n. 더블룸

□ single room 싱글 룸 n. 싱글룸

□ deluxe room 디럭스 룸 n. 디럭스룸

□ suite room 스윗 룸 n. 스위트룸

□ kunci kamar 꾼찌 까마르
　n. 객실 키(열쇠형)

□ kartu kamar 까르뚜 까마르
　n. 객실 키(카드형)

□ bellboy 벨보이
　n. 벨보이

□ fasilitas pendingin
　파실리따스 쁜딩인 n. 냉방, 냉방 시설

□ AC 아쎄 n. 에어컨

□ ruang cuci baju 루앙 쭈찌 바주
　n. 세탁실

261

□ lemari besi 르마리 브시
　n. 금고

□ serambi 스람비
　n. 베란다

□ restoran 레스또란
　n. 식당, 음식점

□ kupon sarapan 꾸뽄 사라빤
　n. 조식 쿠폰

□ bersih 브르시
　a. 깨끗한, 청결한, 말끔한; 맑은

□ kotor 꼬또르
　a. 지저분한, 더러운

□ nyaman 냐만
　a. 편안한

□ lobi 로비
　n. 로비

□ kolam renang 꼴람 르낭
　n. 수영장

□ harga 하르가
　n. 가격, 요금

□ **tempat tidur**
뜸빳 띠두르
n. 침대

□ **seprai** 스쁘라이
n. 침대 시트

□ **selimut** 슬리뭇
n. 이불, 담요

□ **bantal** 반딸
n. 베개

□ **sandal** 산달
n. 슬리퍼

□ **handuk** 한둑
n. 수건, 타월

□ **sabun** 사분
n. 비누

□ **sampo** 삼뽀
n. 샴푸

□ **kondisioner rambut**
꼰디시오느르 람붓
n. 린스

□ **sikat gigi** 시깟 기기
n. 칫솔

□ **pasta gigi** 빠스따 기기
n. 치약

□ **sisir** 시시르
n. 빗

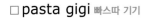

□ **pengering rambut**
뼁으링 람붓
n. 드라이어

□ **alat cukur** 알랏 쭈꾸르
n. 면도기

□ **tisu** 띠수
n. 화장지, 휴지

263

□ penginapan 뿡이나빤 n. 숙소, 숙박; 숙박시설
  = tempat menginap 뜸빳 믕이납

□ menginap 믕이납 v. 묵다, 숙박하다
  □ menginap di pondok pribadi 믕이납 디 뽄독 쁘리바디
    v. 민가에서 숙박하다, 민박하다

  Dulu waktu libur ke Yogya, saya menginap di pondok pribadi.
  둘루 왁뚜 리부르 끄 족자. 사야 믕이납 디 뽄독 쁘리바디
  족자로 여행 갔을 때, 저는 민박했어요. → **tip.** 'Yogya 족자'는 자바섬 중부에 위치한
                                     전통문화와 교육의 도시입니다.

□ pesan 쁘산 n. 예약; 주문; 메시지 v. 방을 잡다; 예약하다; 주문하다
  □ reservasi 레스르퐈시 v. 예약하다

  Saya sudah pesan kamar hotel untuk istri dan anak saya.
  사야 수다 쁘산 까마르 호뗄 운뚝 이스뜨리 단 아낙 사야
  저는 아내와 아이를 위해 호텔 방을 잡았어요.

□ membatalkan 믐바딸깐 v. 취소하다(유효하지 않게 만들다)
  = kansel 깐슬
  □ membatalkan pemesanan kamar 믐바딸깐 쁘므사난 까마르
    v. 방 예약을 취소하다

□ hotel 호뗄 n. 호텔
  □ hotel cabang 호뗄 짜방 n. 체인 호텔
  □ hotel bintang lima 호뗄 빈땅 리마 n. 5성급 호텔; 특급 호텔

  Banyak hotel di Jakarta memiliki fasilitas bagus.
  바냑 호뗄 디 자까르따 므밀리끼 파실리따스 바구스
  자카르타에 있는 많은 호텔들이 좋은 시설을 보유하고 있어요.

□ losmen 로스믄 n. 게스트하우스

□ asrama 아스라마 n. 기숙사; 도미토리

  Untuk malam ini, hanya ada asrama untuk enam orang.
  운뚝 말람 이니, 하냐 아다 아스라마 운뚝 으남 오랑
  오늘 밤은 6인실 도미토리밖에 없어요.

□ petugas resepsionis 쁘뚜가스 르셉시오니스 n. 접수대 안내원

□ petugas front 쁘뚜가스 프론 n. 프런트 담당자

□ bellboy 벨보이 n. 벨보이

□ concierge 콘시어르지 n. 콘시어지(호텔의 집사와 같은 역할을 하는 직업)

□ penjaga 쁜자가 n. 경비원
= satpam 삿빰

□ cek-in 쩩인 n. 체크인, 수속

□ cek-out 쩩아웃 n. 체크아웃

Jam berapa cek-outnya?
잠 브라빠 쩩아웃냐?
체크아웃은 몇 시인가요?

□ deposit 데뽀싯 n. 보증금
= uang jaminan 우앙 자미난
= uang muka 우앙 무까 (선불 예치금)

Waktu cek-out, depositnya akan dekembalikan.
왁뚜 쩩아웃, 데뽀싯냐 아깐 디끔발리깐
체크아웃할 때, 보증금을 돌려드립니다.

□ double room 더블 룸 n. 더블룸
□ single room 싱글 룸 n. 싱글룸
□ deluxe room 디럭스 룸 n. 디럭스룸
□ suite room 스윗 룸 n. 스위트룸

Untuk single room udah penuh. (비격식체)
운뚝 싱글 룸 우다 쁘누
싱글룸은 전부 이미 꽉 찼습니다.

□ kamar 까마르 n. 방; 객실(숙박)
□ kunci kamar 꾼찌 까마르 n. 객실 키(열쇠형)
□ kartu kamar 까르뚜 까마르 n. 객실 키(카드형)

□ **kamar bebas rokok** 까마르 베바스 로꼭 n. 금연실
   = **kamar bebas asap rokok** 까마르 베바스 아삽 로꼭
   □ **kamar merokok** 까마르 므로꼭 n. 흡연실

□ **nomor kamar** 노모르 까마르 n. 방 호수

□ **room service** 룸 스르비스 n. 룸서비스
   = **pelayanan kamar** 쁠라야난 까마르

□ **fasilitas** 파실리따스 n. 장비, 시설
   □ **fasilitas pemanas** 파실리따스 쁘마나스 n. 난방, 난방 시설
   □ **fasilitas pendingin** 파실리따스 쁜딩인 n. 냉방, 냉방 시설

□ **AC** 아쎄 n. 에어컨 ●━━━━━━━━▶ **tip.** 영어 'Air Conditionaer'의 약자입니다.

   Tolong nyalain AC.
   똘롱 날라인 아쎄
   에어컨 켜 주세요.

□ **ventilasi** 풴띨라시 n. 환기, 환기 시설
   = **pertukaran udara** 쁘르뚜까란 우다라

□ **regulator temperatur** 레굴라또르 뗌쁘라뚜르 n. 온도 조절기

□ **lift** 리프뜨 n. 승강기, 엘리베이터

□ **tangga** 땅가 n. 계단

□ **tip** 띱 n. 팁(봉사료)

□ **tempat mandi** 뜸빳 만디 n. 씻는 곳(목욕탕; 샤워실)

□ **kamar kecil** 까마르 끄찔 n. 화장실
   = **toilet** 또일렛
   = **W.C.** 웨쎄

□ ruang cuci baju 루앙 쭈찌 바주 n. 세탁실

　　□ pencucian cepat 쁜쭈찌안 쯔빳 빠른 세탁

　　Ruang cuci baju ada di lantai 1.
　　루앙 쭈찌 바주 아다 디 란따이 사뚜
　　세탁실은 1층에 있어요.

□ lemari besi 르마리 브시 n. 금고

□ asbak 아스박 n. 재떨이

□ serambi 스람비 n. 베란다

□ kantin 깐띤 n. 매점

□ mini bar 미니 바르 n. 미니바

□ restoran 레스또란 n. 식당, 음식점

　　□ kupon sarapan 꾸뽄 사라빤 n. 조식 쿠폰

□ memakai 므마까이 v. ~을 이용하다, 사용하다

　　= menggunakan 믕구나깐

　　Apakah Anda pernah memakai mini bar?
　　아빠까 안다 쁘르나 므마까이 미니 바르?
　　당신은 미니바를 이용하신 적이 있나요?

□ merapikan 므라삐깐 v. 정돈하다

　　□ dirapikan 디라삐깐 v. 정돈되다

□ mengeluh 믕을루 v. 불평하다; 토로하다

　　□ mengomel 믕오멜 v. 불평하다; 투덜거리다; 잔소리하다

□ bersih 브르시 a. 깨끗한, 청결한, 말끔한; 맑은

　　Walau agak tua, hotel tempat saya menginap itu bersih.
　　왈라우 아각 뚜아, 호뗄 뜸빳 사야 믕이납 이뚜 브르시
　　좀 오래되었지만, 제가 숙박한 호텔은 깨끗해요.

□ kotor 꼬또르 a. 지저분한, 더러운

□ nyaman 냐만 a. 편안한

□ tidak nyaman 띠닥 냐만 a. 불편한

□ rusak 루삭 v. 망치다, 고장 내다 a. 고장 난

□ pemandangan 쁘만당안 n. 전망; 경치, 풍경
    □ view 뷰 n. 전망
    □ ocean view 오션 뷰 n. 바다 전망
    □ city view 시띠 뷰 n. 시내 전망

    Minta ocean view room.
    민따 오션 뷰 룸
    바다 전망으로 방 하나 부탁드립니다.

□ bisnis center 비스니스 센뜨르 n. 비즈니스 센터; 사무공간

□ sauna 사우나 n. 사우나

□ tempat massage 뜸빳 마사스 마사지 가게, 마사지실
    = tempat pijat 뜸빳 삐잣

□ lobi 로비 n. 로비

□ tempat duduk-duduk 뜸빳 두둑두둑 n. 클럽라운지

□ fitness 핏니스 n. 헬스클럽

□ kolam renang 꼴람 르낭 n. 수영장
    □ kolam renang dalam 꼴람 르낭 달람 n. 실내 수영장
    □ kolam renang luar 꼴람 르낭 루아르 n. 실외 수영장

    Sampai jam berapa saya bisa menggunakan kolam renang luar?
    삼빠이 잠 브라빠 사야 비사 등구나깐 꼴람 르낭 루아르?
    몇 시까지 제가 실외 수영장을 이용할 수 있나요?

□ musim ramai 무심 라마이 n. 성수기
  □ musim sepi 무심 스삐 n. 비수기

□ harga 하르가 n. 가격, 요금
  □ harga asli 하르가 아슬리 n. 전액 요금(할인되지 않은 요금)
  □ harga diskon 하르가 디스꼰 n. 할인 가격

□ pajak 빠작 n. 세금

□ gratis 그라띠스 a. 무료의
  □ cuma-cuma 쭈마쭈마 ad. 무료로

□ membayar 믐바야르 v. (비용을) 치르다, 지불하다, 결제하다

□ ongkos penginapan 옹꼬스 쁭이나빤 n. 숙박료

  Kami mau membayar ongkos penginapan.
  까미 마우 믐바야르 옹꼬스 쁭이나빤
  저희가 숙박 요금을 치를게요.

□ ongkos tambahan 옹꼬스 땀바한 n. 추가 요금

  Berapa ongkos tambahan yang penggunaan menelepon Internasional?
  브라빠 옹꼬스 땀바한 양 쁭구나안 므넬레뽄 인뜨르나시오날?
  국제 전화 사용에 대한 추가 요금은 얼마인가요?

□ 1 malam 사뚜 말람 n. 1박
  □ 3 hari 2 malam 띠가 하리 두아 말람 n. 2박 3일

  Rencananya berlibur 3 hari 2 malam.
  른짜나냐 브를리부르 띠가 하리 두아 말람
  2박 3일 여행 예정이에요.

□ tempat tidur 뜸빳 띠두르 n. 침대
  □ seprai 스쁘라이 n. 침대 시트

□ sandal 산달 n. 슬리퍼

□ selimut 슬리뭇 n. 이불, 담요

　　Minta tolong bawakan selimutnya 1 lagi.
　　민따 똘롱 바와깐 슬리뭇냐 사뚜 라기
　　담요 하나 더 가져다주세요.

□ bantal 반딸 n. 베개

□ handuk 한둑 n. 수건, 타월

□ sabun 사분 n. 비누

□ sampo 삼뽀 n. 샴푸

□ kondisioner rambut 꼰디시오느르 람붓 n. 린스

□ sikat gigi 시깟 기기 n. 칫솔

□ pasta gigi 빠스따 기기 n. 치약

□ sisir 시시르 n. 빗

□ pengering rambut 뼁으링 람붓 n. 드라이어

□ alat cukur 알랏 쭈꾸르 n. 면도기

□ tisu 띠수 n. 화장지, 휴지

□ air panas 아이르 빠나스 n. 온수
　　□ air dingin 아이르 딩인 n. 냉수

　　Ada air panas?
　　아다 아이르 빠나스?
　　온수 나오나요?

□ lampu toilet 람뿌 또일렛 n. 화장실 전등
　　□ lampu kamar 람뿌 까마르 n. 객실등
　　□ lampu koridor 람뿌 꼬리도르 n. 복도등

□ **soket** 소껫 n. 콘센트 •————————→ **tip.** 인도네시아에서는 우리나라와 같이
220볼트 전기 콘센트를 사용합니다.

□ **sinyal internet** 시날 인뜨르넷 n. 인터넷 신호

□ **sandi Wi-Fi** 산디 와이파이 n. 와이파이 비밀번호

    Apa sandi Wi-Fi di sini?
    아빠 산디 와이파이 디 시니?
    여기 와이파이 비밀번호가 어떻게 돼요?

 # 22. 숙소 예약

꼭! 써먹는 **실전 회화**

Dinda   **Apakah kamu sudah pesan kamar?**
             아빠까 까무 수다 쁘산 까마르?
             숙소는 예약했어?

Ricky   **Aku belum menemukan hotel yang cocok.**
             아꾸 블룸 므느무깐 호뗄 양 쪼쪽
             아직 맘에 드는 호텔을 찾지 못했어.

Dinda   **Pilih saja setelah kamu baca komentar tentang hotel masing-masing di internet.**
             삘리 사자 스뜰라 까무 바짜 꼬멘따르 뜬땅 호뗄 마싱마싱 디 인뜨르넷
             인터넷에서 각 호텔에 대한 후기를 읽어본 후에 선택해 봐.

Ricky   **Itu ide yang bagus!**
             이뚜 이데 양 바구스!
             그거 좋은 생각이네!

☐ wisata 위사따
= tur 뚜르
  n. 여행, 관광

☐ perjalanan 쁘르잘라난
= trip 뜨립
  n. 여행; 여정

☐ berwisata 브르위사따
  v. 관광하다

☐ wisatawan 위사따완
  n. 관광객

☐ pusat informasi wisata
  뿌삿 인포르마시 위사따
  n. 관광 안내소

☐ guide 가잇
= pemandu wisata 쁘만두 위사따
  n. 가이드

☐ panduan 빤두안
  n. 안내
☐ memandu 므만두
  v. 안내하다

☐ melihat-lihat 믈리핫리핫
  v. 구경하다

☐ peta 쁘따
  n. 지도

☐ berjalan dinas 브르잘란 디나스
  출장 가다

□ bangunan 방우난
n. 건물

□ benteng 벤뗑
n. 성

□ masjid 마스짓
n. 이슬람 사원

□ wihara 위하라
n. (불교) 사원, 절

□ pemandangan 쁘만당안
n. 경치, 풍경; 전망

□ situs 시뚜스
n. 유적지

□ lapangan 라빵안
n. 광장; 현장

□ museum 무세움
n. 박물관

□ pameran 빠메란
n. 전시회

□ keraton 끄라똔
n. 왕궁, 궁전

273

□ taman 따만
　n. 공원

□ kebun binatang 끄분 비나땅
　n. 동물원

□ kebun raya 끄분 라야
　n. 식물원

□ taman hiburan 따만 히부란
　n. 놀이공원

□ masuk 마숙
　v. 들어가다, 입장하다

□ pintu masuk 삔뚜 마숙
　n. 입구; 현관

□ keluar 끌루아르
　v. 나가다

□ pintu keluar 삔뚜 끌루아르
　n. 출구

□ tiket masuk 띠껫 마숙
　n. 입장권

□ menonton 므논똔
　v. 관람하다; 시청하다

□ pembukaan 쁨부까안
　n. 개장

□ penutupan 쁘누뚜빤
　n. 폐장

□ **rencana** 른짜나
  n. 계획

□ **berencana** 브른짜나
  v. 계획을 세우다

□ **tempat tujuan** 뜸빳 뚜주안
  n. 목적지

□ **pribadi** 쁘리바디
  n. 개인

□ **grup** 그룹
= **kelompok** 끌롬뽁
  n. 단체

□ **kota** 꼬따
  n. 도시

□ **kampung** 깜뽕
  n. 시골, 농촌

□ **gunung** 구눙
  n. 산

□ **sungai** 숭아이
  n. 강

□ **danau** 다나우
  n. 호수

□ **laut** 라웃
  n. 바다

□ **pantai** 빤따이
  n. 해변

□ **pulau** 뿔라우
  n. 섬

□ **jalan** 잘란
  n. 길, 거리

275

□ wisata 위사따 n. 여행, 관광

    = tur 뚜르

    □ objek wisata 옵젝 위사따 n. 관광지, 여행지

    = tempat wisata 뜸빳 위사따

> **tip.** Borobudur 보로부두르는 자바섬 중부에 있는 불교 유적으로, 원형 테라스 위에 종을 엎어놓은 듯한 대규모의 탑이 유명합니다.

Candi Borobudur di Yogyakarta adalah objek wisata yang populer.
짠디 보로부두르 디 족쟈까르따 아달라 옵젝 위사따 양 뽀뿔레르
족자카르타에 있는 보로부두르 사원은 인기 있는 관광지입니다.

□ pusat informasi wisata 뿌삿 인포르마시 위사따 n. 관광 안내소

    □ bus tur 부스 뚜르 n. 관광버스

Di mana pusat informasi wisata?
디 마나 뿌삿 인포르마시 위사따?
관광 안내소가 어디예요?

□ perjalanan 쁘르잘라난 n. 여행; 여정

    = trip 뜨립

    □ rute perjalanan 루뜨 쁘르잘라난 n. 여행 코스

□ berwisata 브르위사따 v. 관광하다

□ wisatawan 위사따완 n. 관광객

    □ wisatawan asing 위사따완 아싱 n. 해외 관광객

    = wisman 위스만

    = wisatawan mancanegara 위사따완 만짜느가라

□ guide 가잇 n. 가이드

    = pemandu wisata 쁘만두 위사따

□ panduan 빤두안 n. 안내

□ memandu 므만두 v. 안내하다

□ berkunjung ke 브르꾼중 끄 v. ~에 방문하다

    = mengunjungi 릉운중이

□ melihat-lihat 믈리핫리핫 v. 구경하다

□ berjalan dinas 브르잘란 디나스 출장 가다

□ peta 쁘따 n. 지도

> Boleh saya minta peta informasi wisata?
> 볼레 사야 민따 쁘따 인포르마시 위사따?
> 관광 안내 지도 한 장 받을 수 있을까요?

□ patung 빠뚱 n. (기념)상

> = arca 아르짜

□ monumen 모누믄 n. 기념비

> □ Monumen Nasional 모누믄 나시오날 n. 독립기념비

> Monumen ini didirikan untuk memperingati prajurit tak dikenal.
> 모누믄 이니 디디리깐 운뚝 믐쁘링아띠 쁘라주릿 딱 디끄날
> 이 기념비는 무명용사들을 기리기 위해 세워졌습니다.

> **tip.** 인도네시아 초대대통령 Soekarno 수카르노는 독립을 기념하고 국가의 상징을 건설하고자 대통령궁 앞에 'Monas 모나스(Monumen Nasional의 약칭, 독립기념비)'를 세웠습니다. 꼭대기 층에서는 대통령궁을 포함한 자카르타 전역을 전망할 수 있습니다.

□ bangunan 방우난 n. 건물

□ benteng 벤뗑 n. 성

□ masjid 마스짓 n. 이슬람 사원

> □ pura 뿌라 n. 힌두 사원

> □ wihara 위하라 n. (불교) 사원, 절

> Kalau ke wihara, kayaknya hati saya jadi tenang. (비격식체)
> 깔라우 끄 위하라, 까약냐 하띠 사야 자디 뜨낭
> 절에 가면 마음이 안정되는 것 같아요.

□ gereja Katolik 그레자 까똘릭 n. 성당

> □ gereja Kristen 그레자 끄리스뗀 n. 교회

□ pemandangan 쁘만당안 n. 경치, 풍경; 전망

□ situs 시뚜스 n. 유적지

□ lapangan 라빵안 n. 광장; 현장

□ museum 무세움 n. 박물관
 □ Museum Sejarah Indonesia 무세움 스자라 인도네시아
  n. 인도네시아 역사박물관

 Jam berapa Museum Perang buka?
 잠 브라빠 무세움 쁘랑 부까?
 전쟁 박물관은 몇 시에 열지요?

□ pameran 빠메란 n. 전시회
 = ekshibisi 엑시비시

□ karya 까르야 n. 작품

□ keraton 끄라똔 n. 왕궁, 궁전

 Keraton Sultan Yogyakarta terbuka untuk umum.
 끄라똔 술딴 족쟈까르따 뜨르부까 운뚝 우뭄
 족자카르타의 왕궁은 대중을 위해 개방되어 있습니다.

tip. 'Yogyakarta 족쟈까르따(족자카르타)'는 인도네시아의 대표적인 전통문화 도시로, 현재 술탄(왕)이 살고 있는 왕궁이 있습니다.

□ istana 이스따나 n. 궁; 대궐; 관저

 Istana Presiden RI terletak di Jakarta.
 이스따나 쁘레지든 에르이 뜨를르딱 디 자까르따
 인도네시아 공화국 대통령궁은 자카르타에 있다.

tip. 'RI 에르이'는 'Republik Indonesia 레뿌블릭 인도네시아(인도네시아 공화국)'의 약자입니다.

□ raja 라자 n. 왕
 □ ratu 라뚜 n. 여왕
 □ permaisuri 쁘르마이수리 n. 왕비
 □ pangeran 빵에란 n. 왕자
 = putra raja 뿌뜨라 라자
 □ puteri raja 뿌뜨리 라자 n. 공주

278

□ **taman** 따만 n. 공원

> Taman yang paling terkenal di Jakarta di mana?
> 따만 양 빨링 뜨르끄날 디 자까르따 디 마나?
> 자카르타에서 가장 유명한 공원은 어디인가요?

□ **kebun binatang** 끄분 비나땅 n. 동물원
　　□ **safari** 사파리 n. 사파리

> Taman Safari terkenal di seluruh dunia.
> 따만 사파리 뜨르끄날 디 스를루 두니아
> 따만사파리는 세계적으로 유명해요.　　**tip.** 'Taman Safari 따만 사파리'는
> 인도네시아에서 가장 큰 사파리형 동물원입니다.

□ **kebun raya** 끄분 라야 n. 식물원

□ **taman hiburan** 따만 히부란 n. 놀이공원
　　□ **taman bermain** 따만 브르마인 n. 놀이터

□ **water park** 워뜨르 빡 워터파크

□ **tempat jual** 뜸빳 주알 n. 판매소

□ **masuk** 마숙 v. 들어가다, 입장하다
　　□ **pintu masuk** 삔뚜 마숙 n. 입구; 현관
　　□ **tiket masuk** 띠껫 마숙 n. 입장권
　　□ **harga tiket masuk** 하르가 띠껫 마숙 n. 입장료
　　□ **harga tiket masuk untuk remaja** 하르가 띠껫 마숙 운뚝 르마자
　　　　n. 청소년 입장료
　　□ **harga tiket masuk untuk anak-anak** 하르가 띠껫 마숙 운뚝 아낙아낙
　　　　n. 소아 입장료

> Berapa harga tiket masuk galeri?
> 브라빠 하르가 띠껫 마숙 갈레리?
> 미술관 입장료가 얼마죠?

□ **gratis** 그라띠스 a. 무료의
　　□ **cuma-cuma** 쭈마쭈마 ad. 무료로

□ menonton 므논똔 v. 관람하다; 시청하다

□ keluar 끌루아르 v. 나가다
    □ pintu keluar 삔뚜 끌루아르 n. 출구

□ pembukaan 쁨부까안 n. 개장

□ penutupan 쁘누뚜빤 n. 폐장

□ terkenal 뜨르끄날 a. 유명한

□ mengesankan 믕으산깐 a. 인상적인

    Karya dia paling mengesankan di pameran ini.
    까르야 디아 빨링 믕으산깐 디 빠메란 이니
    그의 작품이 이 전시회에서 가장 인상적이에요.

□ agung 아궁 a. 장엄한; 높은; 위대한
    □ mulia 물리아 a. 장엄한; 높은; 숭고한
    □ megah 메가 a. 장엄한; 우아한; 고귀한

□ bersejarah 브르스자라 a. 역사적인

□ komersial 꼬메르시알 a. 상업적인

□ anggaran 앙가란 n. 예산

□ tempat tujuan 뜸빳 뚜주안 n. 목적지

□ rencana 른짜나 n. 계획

□ berencana 브른짜나 v. 계획을 세우다

□ ikut 이꿋 v. 참여하다

□ program tur 쁘로그람 뚜르 n. 투어 프로그램
    □ paket tur 빠껫 뚜르 n. 패키지여행

□ wisata backpack 위사따 백팩 n. 배낭여행

Kalau saya, tidak mau ikut program tur karena terlalu komersial.
깔루 사야, 띠닥 마우 이꿋 쁘로그람 뚜르 까르나 뜨를랄루 꼬메르시알
제 경우에는, 투어 프로그램이 너무 상업적이라 참여하고 싶지 않아요.

□ pribadi 쁘리바디 n. 개인

□ grup 그룹 n. 단체
= kelompok 끌롬뽁

Harus reservasi dulu untuk mengunjungi museum secara grup.
하루스 레저르퐈시 둘루 운뚝 믕운중이 무세움 스짜라 그룹
단체로 박물관에 방문하려면 반드시 예약하세요.

□ kota 꼬따 n. 도시

Kota Bandung adalah kota bersejarah dan kultural.
꼬따 반둥 아달라 꼬따 브르스자라 단 꿀뜨랄
반둥은 역사적이면서 문화적인 도시예요.

□ daerah 다에라 n. 지역; 지방

□ kampung 깜뿡 n. 시골, 농촌

□ gunung 구눙 n. 산
□ jurang 주랑 n. 가파른 계곡, 협곡

□ sungai 숭아이 n. 강

□ danau 다나우 n. 호수

Danau Toba adalah tempat yang disukai oleh orang Indoensia.
다나우 또바 아달라 뜸빳 양 디수까이 올레 오랑 인도네시아
또바호수는 인도네시아 사람들에게 사랑받는 곳이에요.

□ laut 라웃 n. 바다
□ pantai 빤따이 n. 해변

□ pulau 뿔라우 n. 섬

□ gua 구아 n. 동굴

□ jalan 잘란 n. 길, 거리
  □ jalan raya 잘란 라야 n. 큰길, 대로
  □ jarak 자락 n. 거리, 간격

□ penyewaan mobil 쁘녀와안 모빌 n. 차량 렌탈

□ tempat naik taksi 뜸빳 나익 딱시 n. 택시 정류장(택시 타는 곳)

□ halte bus 할뜨 부스 n. 버스 정류장
  = perhentian bus 쁘르흔띠안 부스

□ mengambil foto 믕암빌 포또 v. 사진을 찍다

□ selfie 셀피 n. 셀카

□ suvenir 수웨니르 n. 기념품
  = oleh-oleh 올레올레
  = cendramata 쯘드라마따
  □ kenang-kenangan 끄낭끄낭안 n. 추억; 추억의 기념품
  □ toko oleh-oleh 또꼬 올레올레 기념품 가게

  Saya sudah membeli hadiah untuk ibu saya di toko oleh-oleh.
  사야 수다 믐블리 하디아 운뚝 이부 사야 디 또꼬 올레올레
  기념품 가게에서 엄마께 드릴 선물을 샀어요.

□ hadiah 하디아 n. 선물
  □ kartu pos 까르뚜 뽀스 n. 엽서
  □ gantungan kunci 간뚱안 꾼찌 n. 열쇠고리

□ kedutaan besar 끄두따안 브사르 n. 대사관
  □ duta besar 두따 브사르 n. 대사

□ visa 퓌사 n. 비자
  □ visa wisata 퓌자 위사따 관광비자
  □ visa untuk bekerja 퓌자 운뚝 브끄르자 취업비자
  □ visa kedatangan 퓌사 끄다땅안 도착 비자
  □ bebas visa 베바스 퓌자 a. 비자 면제의

□ paspor 빠스뽀르 n. 여권

□ KTP 까떼뻬 (일반) 신분증
  = Kartu Tanda Pengenal 까르뚜 딴다 뻥으날

□ nilai kurs 닐라이 꾸르스 n. 환율

□ penukaran uang 쁘누까란 우앙 n. 환전

23. 휴가

꼭! 써먹는 **실전 회화**

Bayu Aku udah rencana ke Bali. (비격식체)
아꾸 우다 른짜나 끄 발리
난 발리로 여행 갈 거야.

Hoya Mau melakukan apa di situ?
마우 믈라꾸깐 아빠 디 시뚜?
거기 가서 뭘 할 거야?

Bayu Aku mau jalan-jalan lihat Pantai Kuta dan Gunung Agung terutama mau coba makanan daerah istimewa.
아꾸 마우 잘란잘란 리핫 빤따이 꾸따 단 구눙 아궁 뜨르우따마 마우 쪼바 마까난 다에라 이스띠메와
나는 꾸따해변과 아궁산을 보러 갈 건데 특히 지역특산 음식을 먹어 보고 싶어.

Hoya Kamu harus coba seafood di Bali karena itu enak dan murah.
까무 하루스 쪼바 시풋 디 발리 까르나 이뚜 에낙 단 무라
발리의 해산물은 맛있고 싸니까 먹어 보고 와.

283

사건&사고 Peristiwa & Kecelakaan 쁘리스띠와 단 끄쯜라까안

□ **peristiwa** 쁘리스띠와
n. 사건; 사고; 쟁점

□ **kecelakaan** 끄쯜라까안 n. 사고

□ **cedera** 쯔드라 v. 다치다

□ **terluka** 뜨를루까 v. 다치다; 상처 입다

□ **sakit** 사낏
a. 아픈

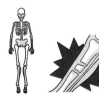

□ **tulang** 뚤랑 n. 뼈

□ **patah** 빠따 v. 부러지다

□ **luka bakar** 루까 바까르 n. 화상

□ **terbakar** 뜨르바까르
= **menderita luka bakar**
믄드리따 루까 바까르
v. 화상을 입다, 데다

□ **radang dingin** 라당 딩인
n. 동상

□ **darah** 다라 n. 피

□ **berdarah** 브르다라
v. 피가 흐르다

□ **terpotong** 뜨르뽀똥
v. 베이다; 잘리다

284

□ perban 쁘르반
= balut 발룻
  n. 붕대

□ urgen 우르겐
= darurat 다루랏
  a. 긴급의, 응급의

□ menyelamatkan
  므녤라맛깐
  v. 안전하게 하다; 구조하다

□ menolong 므놀롱
  v. 돕다; 구조하다

□ kotak pertolongan
  darurat
  꼬딱 쁘르똘롱안 다루랏
  n. 응급구조 상자

□ ambulans 암불란스
  n. 구급차, 앰뷸런스

□ suntik 순띡
  n. 주사기

□ suntikan 순띡깐
  n. 주사

□ sesak napas
  스삭 나빠스
= sesak bernapas
  스삭 브르나빠스
  v. 숨이 막히다

□ kelimpuhan 끌림뿌한
  n. 마비
□ serangan jantung
  스랑안 잔뚱
  n. 심장 마비

□ resusitasi jantung
  paru-paru
  레수시따시 잔뚱 빠루빠루
  n. 심폐소생술

□ pingsan 삥산
= jatuh pingsan
  자뚜 삥산
  v. 기절하다, 실신하다

□ mengobati 릉오바띠
  v. 치료하다

□ pulih 뿔리
= sembuh 슴부
  v. 회복하다

285

□ **polisi** 뽈리시
  n. 경찰(관)

□ **kantor polisi** 깐또르 뽈리시
  경찰서

□ **melapor** 므라뽀르 v. 신고하다
□ **pelaporan** 쁠라뽀란 n. 신고

□ **saksi mata** 삭시 마따
  n. 목격자

□ **penjahat** 쁜자핫
= **pelaku kriminal** 쁠라꾸 끄리미날
  n. 범죄자

□ **kejahatan** 끄자하딴
= **kriminal** 끄리미날
  n. 범죄

□ **mencuri** 믄쭈리
  v. 훔치다, 도둑질하다

□ **kecurian** 끄쭈리안
  v. 도둑맞다

□ **pencuri** 쁜쭈리
= **maling** 말링
  n. 도둑

□ **penipuan** 쁘니뿌안
  n. 사기

□ **penipu** 쁘니뿌
  n. 사기꾼

□ **kecopetan** 끄쪼뻬딴
  v. 소매치기 당하다

□ **pencopet** 쁜쪼뻿
  n. 소매치기

□ kecelakaan lalu lintas
끄쫄라까안 랄루 린따스
n. 교통사고

□ kecepatan yang melampaui
batas 끄쯔빠딴 양 믈람빠우이 바따스
n. 과속

□ menabrak 므나브락
v. 충돌하다, 부딪히다
□ tabrakan 따브라깐
n. 충돌

□ traktor 뜨락또르
= mobil derek 모빌 데렉
n. 견인차

□ kebakaran 끄바까란
n. 화재

□ ledakan 르다깐
n. 폭발

□ mobil pemadam 모빌 쁘마담
n. 소방차

□ stasiun pemadam kebakaran
스따시운 쁘마담 끄바까란
= pos pemadam kebakaran
뽀스 쁘마담 끄바까란
n. 소방서

□ **peristiwa** 쁘리스띠와 n. 사건; 사고; 쟁점
 □ **insiden** 인시든 n. 사소하거나 작은 사건

□ **kecelakaan** 끄쯜라까안 n. 사고

□ **terjadi** 뜨르자디 v. 발생하다, 일어나다
 □ **kejadian** 끄자디안 n. 발생; 상황

□ **rumah sakit** 루마 사낏 n. 병원

□ **dokter jaga** 독뜨르 자가 n. 당직 의사

□ **cedera** 쯔드라 v. 다치다
 □ **terluka** 뜨를루까 v. 다치다; 상처 입다

 Teman saya terluka parah.
 뜨만 사야 뜨를루까 빠라
 친구가 심하게 다쳤어요.

□ **jatuh** 자뚜 v. 넘어지다

□ **sakit** 사낏 a. 아픈

□ **patah** 빠따 v. 부러지다

□ **tulang** 뚤랑 n. 뼈
 □ **patah tulang** 빠따 뚤랑 골절

□ **sendi** 슨디 n. 관절
 □ **longgar sendi** 롱가르 슨디 관절이 늘어나다

□ **terbakar** 뜨르바까르 v. 화상을 입다, 데다
 = **menderita luka bakar** 믄드리따 루까 바까르

 Bayu terbakar ceret waktu merebus air.
 바유 뜨르바까르 쩨렛 왁뚜 므르부스 아이르
 바유는 물을 끓이다가 주전자에 화상을 입었어요.

□ luka bakar 루까 바까르 n. 화상

□ radang dingin 라당 딩인 n. 동상

□ berdarah 브르다라 v. 피가 흐르다

□ darah 다라 n. 피
　□ penghentian pendarahan 쁭흔띠안 쁜다라한 n. 지혈

□ terpotong 뜨르뽀똥 v. 베이다; 잘리다

□ tertusuk 뜨르뚜숙 v. 찔리다

□ menjahit 믄자힛 v. 꿰매다; 수선하다

□ perban 쁘르반 n. 붕대
　= balut 발룻

□ gips 깁스 n. 깁스, 석고 붕대

　Dia pakai gips pada kaki kiri dari kemarin. (회화체)
　디아 빠까이 깁스 빠다 까끼 끼리 다리 끄마린
　그는 어제부터 왼쪽 다리에 깁스를 하고 있어요.

□ tenang 뜨낭 a. 침착한

□ urgen 우르겐 a. 긴급의, 응급의
　= darurat 다루랏

□ ruang gawat darurat 루앙 가왓 다루랏 n. 응급실

　tip. 병원마다 응급실에 대한 명칭과 기능이 다를 수 있어요.
　　· 응급실
　　IGD 이게데(Instalasi Gawat Daruat),
　　UGD 우게데(Unit Gawat Darurat)

　　· 임시 치료실
　　ICU 이쭈(Intensive Care Unit),
　　PICU 삐쭈(Pediatric Intensive Care Unit)

□ pasien gawat darurat 빠시엔 가왓 다루랏 n. 응급환자
    □ tindakan dalam keadaan darurat 띤다깐 달람 끄아다안 다루랏
        n. 응급조치
    □ P3K 뻬띠가까 n. 응급처치
    = Pertolongan Pertama Pada Kecelakaan
        쁘르똘롱안 쁘르따마 빠다 끄쯜라까안
    □ kotak P3K 꼬딱 뻬띠가까 n. 응급처치 상자
    □ kotak pertolongan darurat 꼬딱 쁘르똘롱안 다루랏 n. 응급구조 상자

□ bantuan 반뚜안 n. 도움
    = pertolongan 쁘르똘롱안

□ menyelamatkan 므녈라맛깐 v. 안전하게 하다; 구조하다
    □ menolong 므놀롱 v. 돕다, 협조하다; 구조하다

□ ambulans 암불란스 n. 구급차, 앰뷸런스

    Ambulans sedang menuju ke sini.
    암불란스 스당 므느주 끄 시니
    구급차가 지금 이리로 향해 오고 있어요.

□ infus 인푸스 n. 링거
    = ringer 링으르

□ suntik 순띡 n. 주사기
    □ suntikan 순띡깐 n. 주사

□ masker oksigen 마스끄르 옥시겐 n. 산소마스크

□ sesak napas 스삭 나빠스 v. 숨이 막히다
    = sesak bernapas 스삭 브르나빠스

□ kekurangan napas 끄꾸랑안 나빠스 질식

□ kekejangan 끄끄장안 n. 발작

□ kelimpuhan 끌룸뿌한 n. 마비
　　□ serangan jantung 스랑안 잔뚱 n. 심장 마비
　　□ resusitasi jantung paru-paru 레수시따시 잔뚱 빠루빠루 n. 심폐소생술

□ pingsan 삥산 v. 기절하다, 실신하다
　　= jatuh pingsan 자뚜 삥산

□ memapah 므마빠 v. 부축하다

□ mengobati 릉오바띠 v. 치료하다

□ dibedah 디브다 v. (외과)수술받다
　　= dioperasi 디오쁘라시

□ menenangkan 므느낭깐 v. 진정시키다

□ pulih 뿔리 v. 회복하다
　　= sembuh 슴부

　　Ibu saya pulih dari kanker lambung.
　　이부 사야 뿔리 다리 깡끄르 람붕
　　저희 어머니는 위암에서 회복되셨어요.

□ penyembuhan 쁘념부한 n. 치유(시킴)
　　□ kesembuhan 끄슴부한 n. 치유(상태)

□ polisi 뿔리시 n. 경찰(관)
　　□ kantor polisi 깐또르 뿔리시 경찰서

□ melapor 므라뽀르 v. 신고하다
　　□ pelaporan 쁠라뽀란 n. 신고
　　□ pelapor 쁠라뽀르 n. 신고인

□ menyatakan 므냐따깐 v. 진술하다

□ tersangka 뜨르상까 n. 용의자

□ saksi 삭시 n. 증인

□ saksi mata 삭시 마따 n. 목격자

□ penjahat 쁜자핫 n. 범죄자
    = pelaku kriminal 쁠라꾸 끄리미날
    □ kejahatan 끄자하딴 n. 범죄
    = kriminal 끄리미날
    □ melakukan kejahatan 믈라꾸깐 끄자하딴 범죄를 저지르다

□ mencuri 믄쭈리 v. 훔치다, 도둑질하다
    □ kecurian 끄쭈리안 v. 도둑맞다

□ pencuri 쁜쭈리 n. 도둑
    = maling 말링
    □ pencurian 쁜쭈리안 n. 도난

□ memukul 므무꿀 v. 때리다, 폭행하다
    □ kekerasan 끄끄라산 n. 폭행

□ perampokan 쁘람뽀깐 n. 강도
    □ perampok 쁘람뽁 n. 강도범

□ membunuh 믐부누 v. 살인하다, 살해하다
    □ pembunuhan 쁨부누한 n. 살인
    □ pembunuh 쁨부누 n. 살인범

□ penipuan 쁘니뿌안 n. 사기
    □ penipu 쁘니뿌 n. 사기꾼

Kalau belakangan ini, ada banyak penipuan lewat internet dan telepon.
깔라우 블라깡안 이니, 아다 바냑 쁘니뿌안 레왓 인뜨르넷 단 뗼레뽄
요즘은 인터넷과 전화를 통한 사기가 많아요.

□ kecopetan 끄쪼뻬딴 v. 소매치기 당하다
    □ pencopet 쁜쪼뻿 n. 소매치기

    Saya kecopetan dompet di bus.
    사야 끄쪼뻬딴 돔뺏 디 부스
    버스에서 지갑을 소매치기 당했어요.

□ kehilangan 끄힐랑안 n. 실종 v. 분실하다, 잃어버리다

    Saya kehilangan anak saya!
    사야 끄힐랑안 아낙 사야!
    아이를 잃어버렸어요!

□ anak yang hilang 아낙 양 힐랑 n. 미아
    = anak yang tersesat 아낙 양 뜨르스삿

□ barang yang hilang 바랑 양 힐랑 n. 분실물
    □ pusat pelaporan barang hilang 뿌삿 쁠라뽀랑 바랑 힐랑
       n. 분실물 보관소

□ asuransi 아수란시 n. 보험
    □ asuransi perjalanan 아수란시 쁘르잘라난 여행자 보험

□ kecelakaan lalu lintas 끄쯜라까안 랄루 린따스 n. 교통사고

□ tergelincir 뜨르글린찌르 v. 미끄러지다
    □ licin 리찐 a. 미끄러운

□ menyalip 므냘립 v. 추월하다

□ kecepatan yang melampaui batas 끄쯔빠딴 양 믈람빠우이 바따스 n. 과속
    □ melanggar batas kecepatan 믈랑가르 바따스 끄쯔빠딴
       속도 제한을 위반하다

□ menabrak 므나브락 v. 충돌하다, 부딪히다
    □ tabrak dari belakang 따브락 다리 블라깡 n. 추돌

□ tabrakan 따브라깐 n. 충돌
　　□ tabrakan kecil 따브라깐 끄찔 n. 작은 충돌; 접촉 사고

　　Tadi ada tabrakan motor.
　　따디 아다 따브라깐 모또르
　　오토바이 충돌이 있었어요.

□ melarikan diri 믈라리깐 디리 v. 뺑소니치다
　　□ sengaja 승아자 ad. 고의로, 일부러
　　□ tanpa sengaja 딴빠 승아자 ad. 고의 없이

□ traktor 뜨락또르 n. 견인차
　　= mobil derek 모빌 데렉

□ penyelamat 쁘녈라맛 n. 구조원
　　□ petugas keamanan 쁘뚜가스 끄아마난 n. 안전 요원

□ mati karena tenggelam 마띠 까르나 뜽글람 n. 익사

□ kebakaran 끄바까란 n. 화재

□ ledakan 르다깐 n. 폭발

□ teror 떼로르 n. 테러

□ mobil pemadam 모빌 쁘마담 n. 소방차
　　□ stasiun pemadam kebakaran 스따시운 쁘마담 끄바까란 n. 소방서
　　= pos pemadam kebakaran 뽀스 쁘마담 끄바까란

　　Ada stasiun pemadam kebakaran di gedung sebelah rumah saya.
　　아다 스따시운 쁘마담 끄바까란 디 그둥 스블라 루마 사야
　　우리 집 건물 옆에 소방서가 있어요.

□ bencana alam 븐짜나 알람 자연재해

　　tip. 인도네시아는 환태평양조산대(일명, 불의 고리)에 위치하고 있어서 지진, 해일 그리고
　　　　화산 활동이 자주 일어납니다. 출장이나 여행을 갈 때, 목적지의 최근 화산 활동 여부를
　　　　꼭 알아보고 가세요!

□ gempa bumi 금빠 부미 n. 지진

□ Tsunami 쑤나미 n. 쓰나미, 해일

□ gunung berapi 구눙 브라삐 n. (활)화산
   □ letusan gunung berapi 르뚜산 구눙 브라삐 n. 화산 폭발

□ longsoran 롱소란 n. 무너짐
   □ longsoran tanah 롱소란 따나 n. 산사태
   □ longsoran salju 롱소란 살주 n. 눈사태

□ perlindungan pengungsi 쁘를린둥안 뻥웅시 대피소

24. 미아 신고

꼭! 써먹는 **실전 회화**

Ibu Ho   Tolong!
Saya kehilangan anak saya.
똘롱! 사야 끄힐랑안 아낙 사야
도와주세요! 저는 아이를 잃어버렸어요.

polisi   Bisa jelaskan ciri-ciri anak ibu?
비사 즐라스깐 찌리찌리 아낙 이부?
아주머니 아이의 특징을 알려 주시겠어요?

Ibu Ho   Anak saya laki-laki pakai baju berwarna merah, dan
celananya berwarna biru.
아낙 사야 라끼라끼 빠까이 바주 브르와르나 메라, 단 쯸라나냐 브르와르나 비루
저희 아이는 빨간색 웃옷에 파란색 바지를 입은 남자아이예요.

polisi   Tenang dulu, ibu.
Pasti kita akan menemukan anak ibu segera.
뜨낭 둘루, 이부. 빠스띠 끼따 아깐 므느무깐 아낙 이부 스그라
먼저 침착하세요, 아주머니. 우리는 곧 아이를 찾을 수 있을 겁니다.

295

연습 문제

다음 단어를 읽고 맞는 뜻과 연결하세요.

1. hotel •	• 경찰
2. kapal •	• 교통
3. kendaraan •	• 기차
4. kereta api •	• 배, 선박
5. lalu lintas •	• 비행기
6. mengemudi •	• 사건; 사고
7. peristiwa •	• 여행, 관광
8. perjalanan •	• 여행; 여정
9. pesawat •	• 운전; 운전하다
10. peta •	• 자동차, 차량; 교통수단
11. polisi •	• 지도
12. wisata •	• 호텔

1. hotel – 호텔 2. kapal – 배, 선박 3. kendaraan – 자동차, 차량; 교통수단
4. kereta api – 기차 5. lalu lintas – 교통 6. mengemudi – 운전; 운전하다
7. peristiwa – 사건; 사고 8. perjalanan – 여행; 여정 9. pesawat – 비행기
10. peta – 지도 11. polisi – 경찰 12. wisata – 여행, 관광

Bab 7

기타

1. 기수

□ nol 놀 n. 0
　　□ kosong 꼬송
　　　n. 0; 비어 있는 상태

□ satu 사뚜 n. 1

□ dua 두아 n. 2

□ tiga 띠가 n. 3

□ empat 음빳 n. 4

□ lima 리마 n. 5

□ enam 으남 n. 6

□ tujuh 뚜주 n. 7

□ delapan 들라빤 n. 8

□ sembilan 슴빌란 n. 9

□ sepuluh 스뿔루 n. 10

□ sebelas 스블라스 n. 11

□ dua belas 두아 블라스 n. 12

□ tiga belas 띠가 블라스 n. 13

□ empat belas 음빳 블라스 n. 14

□ lima belas 리마 블라스 n. 15

□ dua puluh 두아 뿔루 n. 20

□ dua puluh satu 두아 뿔루 사뚜 n. 21

□ dua puluh lima 두아 뿔루 리마 n. 25

□ tiga puluh 띠가 뿔루 n. 30

□ tiga puluh satu 띠가 뿔루 사뚜 n. 31

□ tiga puluh lima 띠가 뿔루 리마 n. 35

□ empat puluh 음빳 뿔루 n. 40

□ lima puluh 리마 뿔루 n. 50

□ enam puluh 으남 뿔루 n. 60

□ tujuh puluh 뚜주 뿔루 n. 70

□ delapan puluh 들라빤 뿔루 n. 80

□ sembilan puluh 슴빌란 뿔루 n. 90

□ seratus 스라뚜스 n. 백

□ seribu (1.000) 스리부 n. 천 (1,000)

tip. 'sepuluh 스뿔루(10)', 'seratus 스라뚜스(100)', 'seribu 스리부(1,000)'에서 단어 앞에 공통적으로 붙는 se-는 'satu 사뚜(1)'입니다.

tip. 인도네시아는 우리나라와 반대로 세 자릿수 구분에 '마침표 titik 띠띡(.)'를, 소수점 표기에 '쉼표 koma 꼬마(,)'를 사용해요.

☐ dua ribu 두아 리부 n. 이천

☐ sepuluh ribu 스뿔루 리부 n. 만

☐ seratus ribu 스라뚜스 리부 n. 십만

☐ satu juta 사뚜 주따 n. 백만

☐ sepuluh juta 스뿔루 주따 n. 천만

☐ seratus juta 스라뚜스 주따 n. 억

☐ satu miliar 사뚜 밀리아르 n. 십억

☐ nol koma empat (0,4) 놀 꼬마 음빳 n. 0.4

☐ seperdua 스쁘르두아 n. $\frac{1}{2}$

☐ tiga perempat 띠가 쁘르음빳 n. $\frac{3}{4}$

tip. 'per 쁘르'는 '~당, ~마다'라는 의미예요.

- se(1) + per + dua(2)
= seperdua 스쁘르두아 ($\frac{1}{2}$)

- tiga(3) + per + empat(4)
= tiga perempat 띠가 쁘르음빳 ($\frac{3}{4}$)

tip. 서수 자체만 말할 때는 앞에 'yang 양'을 붙입니다. 단, 명사를 수식하면 yang을 생략합니다. 숫자 2부터는 기수에 'ke- 끄'를 붙이면, 서수가 됩니다.

2. 서수

☐ pertama 쁘르따마 n. 1번째

☐ kedua 끄두아 n. 2번째

☐ ketiga 끄띠가 n. 3번째

☐ keempat 끄음빳 n. 4번째

☐ kelima 끌리마 n. 5번째

☐ keenam 끄으남 n. 6번째

☐ ketujuh 끄뚜주 n. 7번째

☐ kedelapan 끄들라빤 n. 8번째

☐ kesembilan 끄슴빌란 n. 9번째

☐ kesepuluh 끄스뿔루 n. 10번째

☐ kesebelas 끄스블라스 n. 11번째

☐ keseratus 끄스라뚜스 n. 100번째

299

3. 사칙연산

□ perjumlahan 쁘르줌라한 n. 덧셈; 합
    □ ditambah 디땀바 v. 더하다

→ **tip.** 'sama dengan 사마 등안' 대신에 'menjadi 믄자디'를 쓸 수 있습니다.

200 ditambah 30 sama dengan 230.
두아 라뚜스 디땀바 띠가 뿔루 사마 등안 두아 라뚜스 띠가 뿔루
200에 30이 더해지면 230과 같아요. (200+30=230)

□ perkurangan 쁘르꾸랑안 n. 뺄셈
    □ dikurangi 디꾸랑이 v. 빼다

600 dikurangi 20 sama dengan 580.
으남 라뚜스 디꾸랑이 두아 뿔루 사마 등안 리마 라뚜스 들라빤 뿔루
600에서 20을 빼면 580과 같아요. (600-20=580)

□ perkalian 쁘르깔리안 n. 곱셈
    □ dikali 디깔리 v. 곱해지다

5 dikali 6 sama dengan 30.
리마 디깔리 으남 사마 등안 띠가 뿔루
5에 6를 곱하면 30과 같아요. (5×6=30)

□ pembagian 쁨바기안 n. 나눗셈
    □ dibagi (dengan) 디바기 (등안) v. 나누다

18 dibagi (dengan) 6 sama dengan 3.
들라빤 블라스 디바기 (등안) 으남 사마 등안 띠가
18을 6으로 나누면 3과 같아요. (18÷6=3)

□ sama dengan 사마 등안 a. ~와 같은
    □ menjadi 믄자디 v. ~이 되다

tip. sama dengan과 menjadi는 품사에 상관없이 수 연산의 결과를 나타내는 단어입니다.

인도네시아 화폐 Indonesia Rupiah(IDR) 인도네시아 루삐아

□ uang 우앙
  n. 돈

□ uang logam 우앙 로감
  n. 동전

□ uang kertas
  우앙 끄르따스
  n. 지폐

□ seratus rupiah
  스라뚜스 루삐아
  n. 100루피아

□ dua ratus rupiah
  두아 라뚜스 루삐아
  n. 200루피아

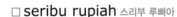

□ lima ratus rupiah
  리마 라뚜스 루삐아
  n. 500루피아

□ seribu rupiah 스리부 루삐아
  n. 1,000루피아

□ dua ribu rupiah
  두아 리부 루삐아
  n. 2,000루피아

□ lima ribu rupiah
  리마 리부 루삐아
  n. 5,000루피아

□ sepuluh ribu rupiah
  스뿔루 리부 루삐아
  n. 10,000루피아

□ dua puluh ribu
  rupiah
  두아 뿔루 리부 루삐아
  n. 20,000루피아

□ lima puluh ribu
  rupiah
  리마 뿔루 리부 루삐아
  n. 50,000루피아

□ seratus ribu rupiah
  스라뚜스 리부 루삐아
  n. 100,000루피아

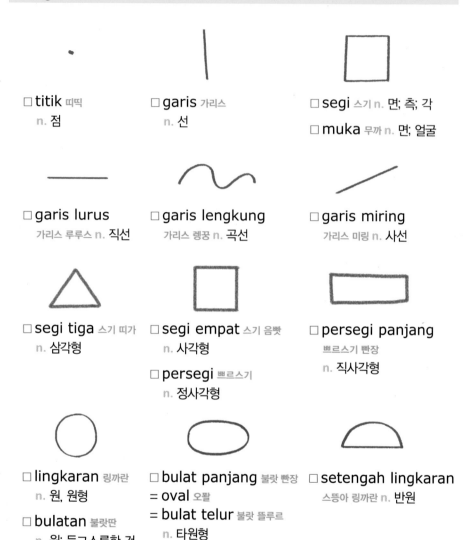

□ titik 띠띡
n. 점

□ garis 가리스
n. 선

□ segi 스기 n. 면; 측; 각
□ muka 무까 n. 면; 얼굴

□ garis lurus
가리스 루루스 n. 직선

□ garis lengkung
가리스 렝꿍 n. 곡선

□ garis miring
가리스 미링 n. 사선

□ segi tiga 스기 띠가
n. 삼각형

□ segi empat 스기 음빳
n. 사각형
□ persegi 쁘르스기
n. 정사각형

□ persegi panjang
쁘르스기 빤장
n. 직사각형

□ lingkaran 링까란
n. 원, 원형
□ bulatan 불랏딴
n. 원; 둥그스름한 것

□ bulat panjang 불랏 빤장
= oval 오팔
= bulat telur 불랏 뜰루르
n. 타원형

□ setengah lingkaran
스뜽아 링까란 n. 반원

□ bulat 불랏
a. 둥근

□ bola 볼라
n. 구; 공

□ kerucut 끄루쭛
n. 원뿔

□ segi lima 스기 리마
n. 오각형

□ segi enam 스기 으남
n. 육각형

□ segi banyak 스기 바냑
n. 다각형

□ benda tiga
dimensi
븐다 띠가 디멘시
n. 입체

□ heksahedron
헥사헤드론
n. 육면체

□ datar 다따르
= rata 라따
a. 평평한

□ garis lintang
가리스 린땅
n. 가로선

□ garis bujur
가리스 부주르
n. 세로선

□ horizontal
호리존딸
n. 수평

□ vertikal
프르띠깔
n. 수직

□ runcing 룬찡
= lancip 란찝
a. 뾰족한

□ bentuk bintang
븐뚝 빈땅
n. 별 모양

□ tanda panah
딴다 빠나
n. 화살표 모양

303

□ **putih** 뿌띠
  a. 맑은; 흰색의
  n. 흰색

□ **hitam** 히땀
  a. 어두운; 검정색의
  n. 검정색

□ **abu-abu** 아부아부
  a. 회색의
  n. 회색

□ **merah** 메라
  a. 빨간색의
  n. 빨간색

□ **oranye** 오라녜
= **jingga** 징가
  a. 주황색의
  n. 주황색

□ **kuning** 꾸닝
  a. 노란; 노란색의
  n. 노란색

tip. 색깔 단어 뒤에
  'muda 무다(옅은)' 또는
  'tua 뚜아(짙은)'를 붙여
  연함과 짙음을 나타냅니다.
  · hijau tua 히자우 뚜아
    짙은 녹색

□ **hijau muda** 히자우 무다
  a. 연두색의
  n. 연두색

□ **hijau** 히자우
  a. 초록색의
  n. 초록색

□ **biru muda** 비루 무다
  a. 하늘색의
  n. 하늘색

□ **biru** 비루
  a. 파란; 파란색의
  n. 파란색

□ **biru tua** 비루 뚜아
  a. 남색의
  n. 남색

□ **ungu** 웅우
  a. 보라색의
  n. 보라색

□ **magenta** 마겐따
  a. 연보라색의
  n. 연보라색

□ merah muda 메라 무다
= merah jambu 메라 잠부
  a. 분홍색의
  n. 분홍색

□ merah marun 메라 마룬
  a. 자주색의
  n. 자주색

□ cokelat 쪼끌랏
  a. 갈색의
  n. 갈색; 초콜릿

□ zaitun 자이뚠
  a. 카키색의, 올리브색의
  n. 카키색

□ emas 으마스
  a. 금색의
  n. 금

□ perak 뻬락
  a. 은색의
  n. 은

□ tua 뚜아
  a. 짙은; 늙은; 낡은

□ gelap 글랍
  a. 어두운

□ muda 무다
  a. 옅은; 어린, 젊은

□ terang 뜨랑
  a. 환한; 밝은; 분명한

□ warna pelangi
와르나 쁠랑이
n. 무지개색

□ warna-warni
와르나와르니
n. 여러 색

□ warna tunggal
와르나 뚱갈
a. 단색의

위치 Letak 르딱

□ atas 아따스
n. 위

□ depan 드빤
n. 앞

□ bawah 바와
n. 아래

□ belakang 블라깡
n. 뒤

□ luar 루아르
n. 밖

□ dalam 달람
n. 안

□ sebelah 스블라
= samping 삼삥
n. 옆

□ sebelah kiri
스블라 끼리
= samping kiri
삼삥 끼리
n. 왼쪽

□ antara 안따라 n. 사이

□ tengah 뜽아
n. 가운데; 중간; 중심
ad. ~중에서

□ sebelah kanan
스블라 까난
= samping kanan
삼삥 까난
n. 오른쪽

□ seberang 스브랑
= hadapan 하다빤
n. 맞은편

□ mengarah ke 믕아라 끄
v. ~쪽으로 향하다

306

방향 Arah 아라

□ pedoman 쁘도만
  n. 나침반; 방침; 규범; 안내서

tip. 인도네시아는 북남동서 순서로 방향을 표기합니다.

□ utara 우따라
  n. 북쪽

□ barat laut 바랏 라웃
  n. 북서쪽

□ timur laut 띠무르 라웃
  n. 북동쪽

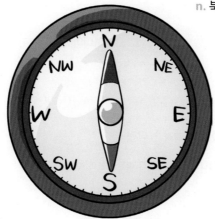

□ barat 바랏
  n. 서쪽

□ timur 띠무르
  n. 동쪽

□ barat daya 바랏 다야
  n. 남서쪽

□ tenggara 뜽가라
  n. 남동쪽

□ selatan 슬라딴
  n. 남쪽

tip. 인도네시아의 신문기사와 공식문서에서 지역 이름과 방향을 같이 표시할 때 축약어를 많이 사용합니다.
- 남부 **자카르타**(Jakarta Selatan 자까르따 슬라딴) : JAKSEL 작셀
- 북부 **수마트라**(Sumatera Utara 수마뜨라 우따라) : SUMUT 수뭇
- 남부 **술라웨시**(Sulawesi Selatan 술라웨시 슬라딴) : SULSEL 술셀
- 중부 **깔리만딴**(Kalimantan Tengah 깔리만딴 뜽아) : KALTENG 깔뜽

지도 Peta 쁘따

⑨ 북극

① 유럽

④ 아시아

⑥ 북아메리카

② 중동

⑦ 중앙아메리카

③ 아프리카

⑧ 남아메리카

⑤ 오세아니아

⑩ 남극

① Eropa 에로빠 n. 유럽

② Timur Tengah 띠무르 뜽아 n. 중동

③ Afrika 아프리까 n. 아프리카

④ Asia 아시아 n. 아시아

⑤ Oseania 오세아니아 n. 오세아니아

⑥ Amerika Utara 아메리까 우따라 n. 북아메리카

⑦ Amerika Tengah 아메리까 뜽아 n. 중앙아메리카

⑧ Amerika Selatan 아메리까 슬라딴 n. 남아메리카

⑨ Kutub Utara 꾸뚭 우따라 n. 북극
   = Arktik 아륵띡

⑩ Kutub Selatan 꾸뚭 슬라딴 n. 남극
   = Antartika 안따르띠까

④ 북극해
⑥ 지중해
③ 대서양
① 태평양
② 인도양
⑤ 남극해

① **Samudera Pasifik** 사무드라 빠시픽 n. 태평양

② **Samudera Hindia** 사무드라 힌디아 n. 인도양

③ **Samudera Atlantik** 사무드라 아뜰란띡 n. 대서양

④ **Samudera Arktik** 사무드라 아륵띡 n. 북극해

⑤ **Samudera Antartika** 사무드라 안따르띠까 n. 남극해

⑥ **Laut Tengah** 라웃 뜽아 n. 지중해

tip. 'samudera 사무드라'는 '해양'입니다.

309

국가 Negeri 느그리

■ Asia 아시아 n. 아시아

□ Korea Selatan 꼬레아 슬라딴 n. 대한민국(남한)

□ Korea Utara 꼬레아 우따라 n. 북한

□ Indonesia 인도네시아 n. 인도네시아

tip. 'Nusantara 누산따라'도 인도네시아 국가를 나타내는데, 고대 'Majapahit 마자빠힛' 왕국 시절에 사용한 산스크리트어에서 유래한 '국가(영역) 간 존재하는 섬들'이라는 의미입니다.

□ Tiongkok 띠옹꼭 n. 중국
  = Cina 찌나

□ Hongkong 홍꽁 n. 홍콩

□ Taiwan 따이완 n. 대만

□ Jepang 즈빵 n. 일본

□ Singapura 싱아뿌라 n. 싱가포르

□ Vietnam 피엣남 n. 베트남

□ Thailand 타일란 n. 태국

□ Kamboja 깜보자 n. 캄보디아

□ Laos 라오스 n. 라오스

□ Myanmar 미얀마르 n. 미얀마

□ Malaysia 말레이시아; 말라이시아 n. 말레이시아

□ Timor Leste 띠모르 레스떼 n. 동티모르

□ Brunei 브루네이 n. 브루나이

□ Filipina 필리삐나 n. 필리핀

□ India 인디아 n. 인도

□ Nepal 네빨 n. 네팔

■ Timur Tengah 띠무르 뜽아 n. 중동

□ Saudi Arabia 사우디 아라비아 n. 사우디아라비아

□ Uni Emirat Arab 우니 에미랏 아랍 n. 아랍에미리트

□ Iran 이란 n. 이란

□ Irak 이락 n. 이라크

□ Turki 뚜르끼 n. 튀르키예

■ Oseania 오세아니아 n. 오세아니아

□ Australia 아우스뜨랄리아 n. 호주

□ Selandia Baru 슬란디아 바루 n. 뉴질랜드

■ Afrika 아프리까 n. 아프리카

□ Mesir 므시르 n. 이집트

□ Kenya 께냐 n. 케냐

□ Tanzania 딴쟈니아 n. 탄자니아

□ Afrika Selatan 아프리까 슬라딴 n. 남아프리카 공화국

■ **Amerika Utara** 아메리까 우따라 n. 북아메리카

□ **Amerika Serikat** 아메리까 스리깟 n. 미국

□ **Kanada** 까나다 n. 캐나다

■ **Amerika Tengah** 아메리까 뜽아 n. 중앙아메리카

□ **Meksiko** 멕시꼬 n. 멕시코

□ **Guatemala** 구아떼말라 n. 과테말라

□ **Kuba** 꾸바 n. 쿠바

■ **Amerika Selatan** 아메리까 슬라딴 n. 남아메리카

□ **Argentina** 아르겐띠나 n. 아르헨티나

□ **Brasil** 브라실 n. 브라질

□ **Chili** 칠리 n. 칠레

□ **Peru** 뻬루 n. 페루

□ **Kolombia** 꼴롬비아 n. 콜롬비아

■ **Eropa** 에로빠 n. 유럽

□ **Britania Raya** 브리따니아 라야 n. 영국
　　 = **Inggris** 잉그리스

□ **Jerman** 제르만 n. 독일

□ **Perancis** 쁘란찌스 n. 프랑스

□ **Swiss** 스위스 n. 스위스

☐ Austria 아우스뜨리아 n. 오스트리아

☐ Belgia 벨기아 n. 벨기에

☐ Spanyol 스빠뇰 n. 스페인

☐ Portugal 뽀르뚜갈 n. 포르투갈

☐ Yunani 유나니 n. 그리스

☐ Italia 이딸리아 n. 이탈리아

☐ Belanda 블란다 n. 네덜란드

☐ Norwegia 노르웨기아 n. 노르웨이

☐ Swedia 스웨디아 n. 스웨덴

☐ Denmark 덴마르끄 n. 덴마크

☐ Rusia 루시아 n. 러시아

☐ Ceko 쩨꼬 n. 체코

☐ PBB 뻬베베 n. 유엔(국제연합)
   = Perserikatan Bangsa-Bangsa 뻬르스리까딴 방사방사

☐ orang Korea 오랑 꼬레아 n. 한국인, 한국 사람

☐ orang Indonesia 오랑 인도네시아 n. 인도네시아인, 인도네시아 사람

☐ bahasa Korea 바하사 꼬레아 n. 한국어   **tip.** 국가명 앞에 'orang 오랑(사람)'을 붙여
                                              국민을, 'bahasa 바하사(언어)'를 붙여
☐ bahasa Inggris 바하사 잉그리스 n. 영어   국가어를 나타냅니다.

주요 동사 Kata Kerja 까따 끄르자

□ **berbicara** 브르비짜라 말하다

Anda bisa berbicara bahasa Indonesia?
안다 비사 브르비짜라 바하사 인도네시아?
인도네시아어 할 줄 아세요?

□ **mendengar** 믄등아르 듣다

Saya sering mendengar musik.
사야 스링 믄등아르 무식
저는 자주 음악을 듣습니다.

□ **membaca** 믐바짜 읽다

Dia belum membaca buku.
디아 블름 믐바짜 부꾸
그는 아직 책을 읽지 않았습니다.

□ **menulis** 므눌리스 쓰다

Dia mau menulis novel.
디아 마우 므눌리스 노펠
그는 소설을 쓰고 싶어 합니다.

□ **melihat** 믈리핫 (쳐다)보다

Suami saya sedang melihat anjing.
수아미 사야 스당 믈리핫 안징
저의 남편은 지금 개를 (쳐다)보고 있습니다.

□ **menonton** 므논똔 시청하다; 관람하다

Suami saya tidak suka menonton televisi.
수아미 사야 띠닥 수까 므논똔 뗄레퓌시
저의 남편은 티비를 시청하는 것을 좋아하지 않습니다.

□ bangun 방운 일어나다

Sebaiknya Anda bangun cepat.
스바익냐 안다 방운 쯔빳
당신은 일찍 일어나는 편이 좋겠어요.

□ tidur 띠두르 자다

Anda boleh tidur siang.
안다 볼레 띠두르 시앙
당신은 낮잠을 자도 됩니다.

□ makan 마깐 먹다

Anda boleh makan nasi.
안다 볼레 마깐 나시
당신은 밥을 먹어도 됩니다.

□ minum 미눔 마시다

Anda boleh minum kopi pada pagi hari.
안다 볼레 미눔 꼬삐 빠다 빠기 하리
당신은 아침에 커피를 마셔도 됩니다.

□ duduk 두둑 앉다

Boleh saya duduk di sini?
볼레 사야 두둑 디 시니?
제가 여기에 앉아도 될까요?

□ berdiri 브르디리 서다

Bayi saya sudah bisa berdiri sendiri.
바의 사야 수다 비사 브르디리 슨디리
저의 아기는 이미 혼자 설 수 있습니다.

□ berjalan 브르잘란 가다; 발로 걷다(jalan kaki)

Bayi saya bisa berjalan kaki.
바의 사야 비사 브르잘란 까끼
저의 아기는 걸을 수 있습니다.

□ berlari 브르라리 뛰다

Bayi saya belum bisa berlari.
바의 사야 블름 비사 브르라리
저의 아기는 아직 달릴 수 없습니다.

□ pergi 쁘르기 가다

Anak saya sedang pergi ke sekolah.
아낙 사야 스당 쁘르기 끄 스꼴라
저의 아이는 지금 학교에 가고 있습니다.

□ datang 다땅 오다

Anak saya sudah datang di rumah.
아낙 사야 수다 다땅 디 루마
저의 아이는 이미 집에 왔습니다.

□ melempar 믈렘빠르 던지다

Cucu saya sedang melempar bola.
쭈쭈 사야 스당 믈렘빠르 볼라
저의 손주는 지금 공을 던지고 있습니다.

□ memegang 므므강 잡다

Cucu saya sedang memegang tangan saya.
쭈쭈 사야 스당 므므강 땅안 사야
저의 손주는 지금 저의 손을 잡고 있습니다.

□ bermain 브르마인 놀다

Keponakan saya bermain dengan teman kemarin.
끄뽀나깐 사야 브르마인 등안 뜨만 끄마린
저의 조카는 어제 친구와 놀았습니다.

□ menutup 므누뚭 닫다

Keponakan saya sedang menutup pintu.
끄뽀나깐 사야 스당 므누뚭 삔뚜
저의 조카는 지금 문을 닫고 있습니다.

□ membuka 믐부까 열다; 벗다

Guru saya membuka jendela.
구루 사야 믐부까 즌델라
저의 선생님은 창문을 열었습니다.

□ menarik 므나릭 끌다; 잡아당기다

Guru saya menarik pintu untuk keluar dari ruang kelas.
구루 사야 므나릭 삔뚜 운뚝 끌루아르 다리 루앙 끌라스
저의 선생님은 교실에서 나가기 위해 문을 당겼습니다.

□ mendorong 믄도롱 밀다; 격려하다, 장려하다

Guru saya mendorong pintu untuk masuk ke ruang kelas.
구루 사야 믄도롱 삔뚜 운뚝 마숙 끄 루앙 끌라스
저의 선생님은 교실로 들어오기 위해 문을 밀었습니다.

접속사 & 전치사 Konjungsi & Preposisi 꼰중시 단 쁘레뽀시시

1. 접속사

① 등위접속사

□ dan 단 그리고
=serta 스르따

□ atau 아따우 또는

□ tetapi 뜨따삐 하지만
= namun 나문

□ padahal 빠다할 그런데
= sedangkan 스당깐

□ (se)hingga (스)힝가 그래서
= maka 마까
= jadi 자디 (회화체)

□ apalagi 아빨라기 게다가

□ namun demikian 나문 드미끼안 그럼에도 불구하고

② 종속접속사

□ yang 양 ~인 것(한정)

□ agar 아가르 ~하기 위하여
= supaya 수빠야
= biar 비아르 (회화체)

□ jika 지까 만약 ~이라면
= kalau 깔라우

□ asal 아살 〜하는 한
    = asalkan 아살깐

③ 기타

□ bila 빌라 언제(시점을 물을 때)

□ (se)waktu (스)왁뚜 〜할 때
    = ketika 끄띠까

□ sementara 스믄따라 〜하는 동안; 임시의
    = selama 슬라마

□ sambil 삼빌 〜하면서 동시에

□ sejak 스작 〜시점 이후로
    = semenjak 스믄작

□ setelah 스뜰라 〜후에
    = ke depan 끄 드빤
    = kemudian 끄무디안
    = sesudah 스수다
    = habis 하비스 (회화체)

□ sebelum 스블룸 〜전에

□ karena 까르나 왜냐하면; 〜이유 때문에

□ seandainya 스안다이냐 만일 〜이라면; 예를 들어
    = umpamanya 움빠마냐
    = sekiranya 스끼라냐

□ biarpun 비아르뿐 비록 ~일지라도
= walaupun 왈라우뿐
= meskipun 므스끼뿐

□ bahwa 바흐와 ~한다는 것; ~이라는 것

□ seperti 스쁘르띠 ~와 같은; ~처럼
= seolah-olah 스올라올라

□ dengan 등안 ~와 함께; ~에 타고; ~을 가지고; ~을 사용하여

□ sebagai 스바가이 ~로써

□ tanpa 딴빠 ~없이

□ daripada 다리빠다 ~보다 (비교)

2. 전치사

□ di 디 ~에; ~에서

□ ke 끄 ~을 향해

□ dari 다리 ~으로부터; ~보다

□ untuk 운뚝 ~을 위하여
= guna 구나
= demi 드미
= bagi 바기
= buat 부앗 (회화체)

□ hingga 힝가 ~까지; ~할 때까지
= sampai 삼빠이 (회화체)

□ atas 아따스 ~에 대한, ~에 대해; ~위에; ~와 근거하여

□ tentang 뜬땅 ~에 대한, ~에 대해

    = terhadap 뜨르하답

    = mengenai 믕으나이

    = akan 아깐

□ oleh 올레 ~에 의해(수동태에서만 사용, 일상에서 대부분 생략)

    Buku terbaru itu sudah dibeli (oleh) Diko kemarin.
    부꾸 뜨르바루 이뚜 수다 디블리 (올레) 디꼬 끄마린
    가장 최근에 나온 그 책은 어제 이미 디코에 의해 구매되었어.

□ pada 빠다 ~에; ~에게

    = kepada 끄빠다

□ menurut 므누룻 ~에 의하면, ~에 따르면

    Menurut saya, kamu harus pulang ke rumah sekarang.
    므누룻 사야, 까무 하루스 뿔랑 끄 루마 스까랑
    내 생각에, 너는 지금 집으로 가야만 한단다.

부사 Adverbia 아드퍼르비아

1. 일반 부사

□ sekali 스깔리 매우 ────────────→ tip. 문장에서 sekali와 sangat을 쓸 때,
　　□ sangat 상앗 매우; 지나치게　　　위치에 주의합니다.
　　= amat 아맛　　　　　　　　　　　・형용사+sekail
　　　　　　　　　　　　　　　　　　・sangat+형용사

□ terlebih 뜨를르비 가장
　　= paling 빨링

□ terlalu 뜨를랄루 지나치게; 너무; 과도하게

□ saja 사자 단지; 단순하게; 역시; 언제나

□ juga 주가 ~도 역시; 또한
　　= pula 뿔라
　　= pun 뿐

□ sepertinya 스쁘르띠냐 마치 ~인 것 같은
　　= agaknya 아각냐
　　= seolah-olah 스올라올라

□ selalu 슬랄루 언제나

□ sekalian 스깔리안 함께; 동시에

□ sebaiknya 스바익냐 ~하는 편이 더 좋은

□ seharusnya 스하루스냐 당연히; 의무적으로

□ sering 스링 자주

□ biasanya 비아사냐 대개; 일반적으로

□ sudah 수다 이미
   = telah 뜰라

□ hampir 함삐르 거의

□ segera 스그라 신속하게; 급하게

□ dengan pelan 등안 뺄란 천천히, 느리게

□ dengan lambat 등안 람밧 늦게

□ belakangan (ini) 블라깡안 (이니) 요즈음, 최근에
   = baru-baru ini 바루바루 이니
   = akhir-akhir ini 아히르아히르 이니
   = dewasa ini 데와사 이니
   = saat ini 사앗 이니

□ sekarang 스까랑 지금

□ mungkin 뭉낀 아마도, 확실하지 않게

□ masih 마시 여전히

□ tiba-tiba 띠바띠바 갑자기

□ dalam-dalam 달람달람 깊게

□ sungguh-sungguh 숭구숭구 진실로

□ dengan pasti 등안 빠스띠 확실히

□ dengan mutlak 등안 무뜰락 절대로

□ kira-kira 끼라끼라 약, 대략

2. 조동사처럼 사용되는 부사

tip. 아래의 부사들은 동사 바로 앞에서 조동사처럼 사용됩니다.
'조동사'란 문장 본동사에 '능력, 허가, 의무와 같은 의미를 보충해 도와주는 동사입니다.

□ bisa 비사 할 수 있다(능력, 가능성)
= dapat 다빳
□ mampu 맘뿌 할 수 있다(능력)
= sanggup 상굽
□ tidak + bisa / dapat / mampu / sanggup 할 수 없다

□ boleh 볼레 해도 된다(허가)
□ tidak boleh 띠닥 볼레 허용되지 않다

□ harus 하루스 해야만 한다(의무)
= mesti 므스띠
= wajib 와집
□ tidak + harus / mesti / wajib + 서술어
해야 하는 것은 아니다

□ mau 마우 하기를 원하다; 할 것이다
□ ingin 잉인 하기를 원하다
= hendak 흔닥
□ tidak + mau / ingin / hendak 하기를 원하지 않다

□ akan 아깐 할 것이다
□ tidak akan 띠닥 아깐 하지 않을 것이다

□ perlu 쁘를루 할 필요가 있다
= butuh 부뚜
□ tidak + perlu / butuh 할 필요가 없다

325

B

C

J

342

M

N

O

ㅇ

401

402

404

405

ㅊ

411

기타

415

416